스피노자의
고민 상담소

스피노자의 고민 상담소 —20대의 감정 고민을 해결해 주는 이성 사용설명서

초판1쇄 펴냄 2024년 3월 1일

지은이 김선일, 김승환
감수 진태원
펴낸이 유재건
펴낸곳 (주)그린비출판사
주소 서울시 마포구 와우산로 180, 4층
대표전화 02-702-2717 | **팩스** 02-703-0272
홈페이지 www.greenbee.co.kr
원고투고 및 문의 editor@greenbee.co.kr

편집 이진희, 구세주, 송예진, 김아영 | **디자인** 이은솔, 박예은
마케팅 육소연 | **물류유통** 류경희

ISBN 978-89-7682-851-4 03190

독자의 학문사변행學問思辨行을 돕는 든든한 가이드 _(주)그린비출판사

스피노자의
고민 상담소

**20대의 감정 고민을 해결해 주는
이성 사용설명서**

김선일·김승환 지음

진태원 감수

그린비

일러두기

1 이 책에 실린 이야기는 지은이들과 함께 공부하고 상담한 청년들의 이야기를 각색한 것이며, 이름은 모두 가명이다.

2 이 책의 스피노자 『에티카』 원문 인용은 모두 감수자 진태원의 번역본(미출간)을 따랐다.

서문

"좋은 사람이 돼라. 훌륭한 사람이 되어야 한다." 학창 시절에 누구나 한 번쯤 어른들에게 들어 봤을 법한 말입니다. 그런데 성적을 올리거나 공부를 열심히 하는 것 외에 훌륭한 사람이 되기 위한 어떤 방법이 있는지 잘 들어 보지 못한 것도 사실입니다.

현재 대한민국의 이십 대들은 매우 바쁩니다. 또 그만큼 불안합니다. 대학만 바라보며 달려 온 이들은 대학생이 되면 곧장 취업 경쟁에 휘몰립니다. 전공과 무관하게 토익과 공무원 시험을 준비하고, 컴퓨터 자격증 취득이나 파이썬 공부를 하는 등 스펙 쌓기에 여념이 없습니다. 봉사활동 기록까지 '스펙'으로 적는 사람도 있습니다. 그 이력을 보면 과연 좋은 사람이 되고자 스스로 활동한 결과인지, '난 이런 사람이야'라며 스펙으로 한 줄을 쓰기 위해 마지못해 수행한 건지 의문스럽기도 합니다. 어쨌든 모두 나름 치열하게 살아갑니다.

하지만 아무리 바쁘더라도 잠깐의 여유 시간은 생기기

마련입니다. 이때 대다수의 청년들은 쾌감을 찾습니다. 술을 마신다든가, 게임에 빠진다든가, 온라인 쇼핑몰을 누비고 다닌다든가 하지요. 그런데 쾌감은 몸 일부분의 자극을 극대화할 때 나타나는 것으로, 온몸의 능력을 감소시키는 우울함은 쾌감으로 막기 어렵습니다. 대학에 다니는 청년들은 엄청난 에너지를 쏟아 시험 준비를 하고, 이력서를 쓰고, 면접을 봅니다. 취업한 청년들도 조직에 적응하기 위해 분주하게 이리 뛰고 저리 뜁니다. 그렇게 치열하게 하루를 보내고 나서 홀로 있는 시간이 되면 공허함이 찾아옵니다.

그렇다면 이 지점에서 청년들에게 필요한 것은 무엇일까요? 소비함으로써 얻는 쾌감이 아니라 생산함으로써 생기는 기쁨을 느낄 수 있다면, 청년들의 공허한 마음도 채워지지 않을까요? 인간은 자신의 내부 원인에 의해 활동하며 무엇인가를 생산할 때 우울을 이겨 내고 기쁨을 느끼는 존재입니다. 스피노자에 따르면 기쁨을 느낄 때 신체의 능력은 증대하고, 앎의 능력 또한 확장됩니다. 그러면 제각기 다른 일들의 공통성을 볼 줄 알게 됩니다. 여러 사건의 모습과 원인을 정확하게 파악할 수 있는 능력을 갖춰 갑니다. 이는 이성적 인식 능력을 획득한다는 뜻입니다. 이때 어떤 일을 감정에 치우치지 않고 잘해 나갈 수 있게 됩니다. 불확실한 상황에서도 이처럼 행동할 수 있는 대응력을 기르면, 희미해 보였던 미래도 점차 선명하게 볼 수 있습니다. 특히 감정에 휘둘려 어려움을 겪는 청년들에게 스피노자 철학이 큰 도움이 될 것이라 생각했습니다. 왜냐하면 스피노자는 감정의 예속에서 벗어나 더 자유롭고 행복하게 살 수 있도록 '이성적 앎'을 터득하는 방법을 제시하기 때문입니다.

이 책에는 현재 대한민국 청년들이 겪는 다채로운 감정 고민들이 생생하게 담겨 있습니다. 그리고 그 어려움을 스피노자가 제시한 핵심 개념을 통해 진단하고 적용하여 함께 해결하고자 했습니다. 이를 위해 공저자 두 사람은 청년들과 온·오프라인으로 끊임없이 대화하며 함께 고민했습니다. 그 과정에서 '이 사례는 스피노자의 그 개념하고 잘 연결되네' 하고 신기하게 여기며 재미있게 이야기 나눈 경험이 있습니다. 이 책 곳곳에 스며든 청년들의 이야기를 무심코 읽어 나가다 보면 어느 순간 스피노자가 제시한 개념들을 렌즈 삼아 세상을 볼 수 있게 됩니다. 다양한 청년들의 모습에 여러분도 깊이 공감하고, 자신의 이야기에서 스피노자를 만나는 경험을 하면 좋겠습니다.

　　책 구성은 다음과 같습니다. 1부에서는 청년들이 느끼는 기쁨, 슬픔, 질투, 불안 등 다양한 감정에 대해서 실감 나게 제시했습니다. 2부에서는 그 감정들을 잘 분별해서 어렵고 힘든 상황을 지혜롭게 헤쳐 나갈 수 있는 방법을 알려 줍니다. 3부에서는 감정을 다스릴 때 이성적인 인식이 얼마나 유용한지 여러 사례를 통해 생동감 있게 그려 넣었습니다. 또한 각 부 말미에 '책갈피'라는 꼭지를 작성해 뒀습니다. 책갈피에서는 청년들의 다양한 감정에 어떤 의미가 있는지 스피노자의 이론을 통해서 들여다봅니다.

현장에서 만난 청년들은 자신만의 고통과 시련이 하나의 이야기가 된다는 사실에 놀라워했습니다. 그들은 자기 이야기에 맞는 스피노자의 개념이 있다면 이를 생활에 적용하고 싶어 했습니다. 스피노자의 철학이 이런 식으로 청년의 삶에 개입할 수 있다는 것이 놀라웠습니다. 이런 과정을 통해 우리들 또한 스피노자 철학을 실천하기 위해 더 노력해야겠다고 다짐하기도 했습니다. 만약 지금 공허하고 힘들고 지쳐 있는 청년들이 있다면 이 책을 통해 힘과 용기를 얻기를 바라 봅니다.

사실 이 책이 나오기까지는 여러 인연이 있었습니다. 먼저 공저자 두 사람은 17년 전 템플스테이에서 처음 만난 각별한 인연입니다. 당시 한 사람(김승환)은 직장을 그만둔 뒤 불안하지만 자유의 몸으로, 또 다른 사람(김선일)은 새로운 앎을 찾아다니다 우연히 만나 친구가 되었습니다. 그때 알았을까요? 17년 뒤 스피노자에 대한 책을 함께 쓰게 되리라는 사실을요. 지금 돌이켜 보면 스피노자와의 만남을 위해 17년간 담금질하고 준비하는 시간을 가진 것 같습니다.

김승환은 강의와 상담을 하면서 일반 대중들은 물론 청년들과 밀착해 오랫동안 생활해 왔습니다. 그 경험과 상담 노하우가 이 책에 잘 녹아 있습니다. 또한 김선일은 오랫동안 인문학 공동체에서 동서양 철학을 공부해 왔습니다. 김승환은 강의 현장에서 만난 청년들의 문제를 논리적·체계적으로 풀고 싶어 했고, 김선일은 철학 개념을 일상생활에 적용하여 독자들에게 쉽게 전달하고 싶어 했습니다. 이런 바람을 결합해 둘은 함께 스피노자 철학을 공부했고, 〈철학 탑승선〉이라는 다소 촌스러운 이름의 공부 모임을 만들어서 청년들과 지속적으로 상담하고 대화했습니다.

그러던 중 그린비출판사와 인연이 닿았습니다. 눈 밝은 사장님, 명민한 편집장님과의 인연이 더해진 겁니다. 우리는 이러한 일들을 모두 필연이라 여깁니다. 인연이어서 만난 것이 아니라 만났기 때문에 인연인 것이지요.

책이 나오기까지 호흡을 맞추며 조언을 아끼지 않은 청년 강나리 님에게 가장 먼저 감사의 말을 전하고 싶습니다. 또 함께 공부하며 도움을 준 〈철학 탑승선〉 청년 친구들 모두에게 감사합니다. 그리고 원고를 보고 긍정적인 피드백을 해 주신 이진희 편집장님 감사드립니다. 정성을 다해 원고를 손봐 준 편집부 김아영 선생님 고맙습니다.

또한 스피노자 연구자 두 분께도 깊은 감사의 말씀을 올립니다. 먼저 『스피노자 윤리학 수업』을 쓴 진태원 교수님. 스피노자의 저서 『에티카』를 이해하기 쉽고 간결하고 명료하게 설명해 주셔서 공부하는 데 정말 큰 도움이 됐습니다. 더불어 저희들이 쓴 원고를 꼼꼼하게 검토해 주시고, 잘못 사용된 용어들을 바로잡아 주셨습니다. 말로 다 할 수 없이 큰 빚을 진 기분입니다. 이를 갚을 길은 앞으로 더 열심히 공부하는 길뿐인 듯합니다. 또 한 분은 『에티카, 자유와 긍정의 철학』을 쓴 이수영 선생님. 사실 이수영 선생님 책에서 본 한 구절 때문에 스피노자 철학을 공부했다고 해도 과언이 아닙니다. '무한한 것을 무한하게 생산하는 자연의 힘이 우리에게도 똑같이 있다'는, 그 한마디로 인해 어렵지만 용기를 내서 스피노자 철학을 공부하려고 무던히도 애썼습니다. 마지막으로 3년이 넘는 시간 동안 동고동락하며 스피노자 세미나를 함께한 인문학당 〈소소재〉 선생님들께도 깊이 감사드립니다.

2024년 봄, 철학 탑승선에서
김선일, 김승환

차례

서문　•5

I. 스피노자가 말하는 '다양한 감정'

1-1. 싫어하는 거야? 못하는 거야?　•17

1-2. 사랑의 불씨가 된 단팥빵　•23

1-3. 두려움과 불안함 사이　•28

1-4. 권태기에 피어난 진짜 사랑　•33

1-5. 스스로 만든 감옥에 갇혀　•38

1-6. 엄마의 사랑에 대한 오해와 이해　•44

1-7. 사랑이 왜 만만치 않은지 알아?　•49

1-8. 보내 줘야 할 우정　•55

1-9. 미움 그 위에 질투　•60

1-10. 용기란 무엇일까?　•65

책갈피　감정, 우리가 마주한 현실　•71

II. 스피노자에게서 배우는 '감정 분별법'

2-1. 표정 관리하느라 참지 말기 • 79

2-2. 헤어지면 쫑 • 84

2-3. 술이 해결해 준다고? • 89

2-4. 세상이 날 가만히 놔두지 않아 • 94

2-5. 어두운 골목이 무서운 이유 • 100

2-6. 좋아하는 것 VS 좋아 보이는 것 • 105

2-7. 나의 이익을 위해 행동해야 하는 이유 • 110

2-8. 똥 밟았다고 생각하라고? • 115

2-9. 합리적 이유 없는 미움 • 119

2-10. 확신 뒤에 가려진 진짜 내 모습 • 124

책갈피 우리의 감정을 탐색하다 • 129

III. 스피노자가 알려 주고 싶은 '이성 사용법'

3-1. 기쁠 때 일도 척척 • 137

3-2. 구급차 안에서 선택하라고? • 142

3-3. 끝까지 살아남은 명예욕 • 147

3-4. 꿈을 가진 사람 • 152

3-5. 할 수 있다는 거짓말 • 157

3-6. 상황을 뒤집어 보고, 찔러 보고, 까 보자 • 162

3-7. 왜 뜸 들이는 시간이 필요할까? • 167

3-8. 좋아 보이는 것 하다가 발목 잡힐라 • 172

3-9. 쓰고 나서 찢어 버려야 하는 이유 • 177

3-10. 후줄근한 옷을 입어도 괜찮아 • 182

책갈피 우리의 감정을 다스리다 • 187

I

스피노자가 말하는 '다양한 감정'

1-1

싫어하는 거야? 못하는 거야?

✒

대학 신입생 시절부터 수진 님에게는 정말 피하고 싶은 과목이 있었습니다. 싫어서가 아니라 못할 것 같아서였습니다. 2년 동안 외면했지만 결국 전공필수인 그 과목을 수강해야 했고, 억지로 수업에 참여하게 되었습니다.

대학생인 수진 님은 1학년 때 피할 수 있을 때까지 피하고 싶었던 과목이 있었다고 합니다. 정말 수강하기 싫어서 2학년 1학기가 되어선 오리엔테이션도 듣지 않고 수강 신청 목록에서 삭제까지 했지만, 2학기에 전공필수로 그 과목을 다시 만나야 했고 결국 울며 겨자 먹기식으로 수업에 참여했습니다. 불만은 이만저만이 아니었다고 합니다.

　　그런데 이런 일이 수진 님에게만 일어나는 걸까요? 우리는 하루에도 몇 번이나 선택의 갈림길 앞에 서고 그에 따른 득실을 따집니다. 자신의 선택에 만족할 때도 있지만 그 반대일 경우도 있습니다. 여기서 중요한 건 적합한 인식을 통해 정확한 판단을 어떻게 획득할 것인가 하는 문제입니다.

스피노자는 『에티카』 3부 정리 1의 따름정리에서 다음과 같이 말합니다.

> "〔…〕 정신이 부적합한 관념을 더 많이 가질수록
> 정신은 더 많은 수동들〔정념들〕에 구속되며,
> 반대로 더 많은 적합한 관념들을 가질수록 더 많이
> 행위한다. 〔…〕"

위 말은 어떤 뜻일까요? 우리는 이를 부적합한 생각이 많으면 수동적이고, 그 반대로 적합한 생각이 많으면 능동적이라는 뜻으로 이해할 수 있습니다. '부적합한 관념'이란 어떤 상황에 대해 정확하게 알지 못하는 상태를 말합니다. '적합한 관념'은 어떤 사건의 전체 그림을 파악하고 있는 것을 가리킵니다. 즉 능동과 수동을 가르는 기준은, '상황을 정확하게 아는 능력을 갖고 있는가 아니면 그렇지 않은가?'입니다.

수진 님은 부적합한 관념을 많이 가지고 있었기에 수동적이 되어 수강을 피할 수 있을 때까지 피했던 겁니다.

그렇다면 수진 님에게 적합한 관념은 무엇이며 어떻게 하면 그것을 가질 수 있을까요?

　　어떤 사건 속에서 선택의 순간을 마주할 때, 우리는 그 원인 전체가 아닌 일부만을 파악하는 경우가 많습니다. 어렵고 골치 아픈 것보다 조금 덜 어렵고 덜 골치 아픈 것을 선택하려고 합니다. 그렇기에 수진 님도 원인을 파악하여 적합한 관념을 갖기보다는 상황을 피하는 선택을 하게 되었을 겁니다.

　　사람과의 관계에서도 마찬가지가 아닐까 합니다. 누군가에게 화가 났을 경우 그 사람의 말투나 표정 같은 표면적인 이유들을 대다가도, 원인을 파고 들어가다 보면 친구에게 이미 서운한 마음이 있었거나 해야 할 과제가 산더미처럼 많아서 몸과 마음이 한없이 지쳐 있던 경우가 많습니다. 그렇기에 우리는 원인과 결과를 반대로 해석하는 오류에 부딪힙니다. 즉 '너의 말투 때문에 화가 난다'고 말할 때에도 '내가 힘들고 지쳐 있어서 너의 말투가 거슬린다'라고 판단해야 실은 더 타당합니다.

　　다시 수진 님의 이야기로 돌아가 볼까요. 수진 님이 수강을 피하고 싶었던 원인을 제대로 파악했다면 다른 결과가 발생했을 수도 있습니다. 수진 님이 적합한 관념을 획득하는 방법은 먼저 수강한 선배나 동기들에게 정보를 구하고 직접 수강해 보는 겁니다.

비록 수동적인 수강이었지만 실제로 수업을 들은 수진 님은 말합니다. "힘들지 않을까 지레짐작했었는데 생각했던 것보다 어렵지 않았어요. 과제를 할 때, 없는 아이디어를 쥐어짜는 느낌도 들지 않았고 결과도 잘 나왔어요. 생각했던 네 개 중 두 개의 결과물을 만들었는데 마음에 듭니다. 싫어서 피했던 게 아니라 못할 것 같아서 피하고 싶었나 봐요. 지금은 잘하고 있어서 다행이에요."

수진 님은 수업을 피하고 싶었던 원인이 '싫어서'가 아니라 '못할 것 같아서'라고 말합니다. 전보다는 더 적합한 관념을 가지게 되었으니 능동적 삶 쪽으로 옮아갈 수 있습니다. 수진 님의 정신은 신체가 존재하는 대로 인식하고, 경험하는 대로 지각할 수밖에 없습니다. 따라서 정신은 신체적인 경험에 의해 바뀌게 됩니다.

스피노자는 『에티카』 2부 정리 13 주석에서 이렇게 말합니다.

> "[…] 물체가 동시에 여러 방식으로 작용하고
> 수용할 수 있는 그 능력에 의해 다른 물체들보다
> 우월할수록, 그 물체의 정신은 동시에 여러 가지
> 것들을 지각할 수 있는 그 능력에 의해 다른

정신들보다 우월하다 〔…〕"

위 말을 우리는 이렇게 이해할 수 있습니다. 우리의 정신은 우리 신체에서 경험한 사건들에 의해 만들어지는 거라고요. 무엇을 경험하고, 얼마나 경험하고, 어떻게 경험하느냐가 우리 정신의 지각 능력을 결정하는 것이지요.

직접 수강을 해 봄으로써 수진 님 신체의 변용 능력은 커졌을 겁니다. 또한, 정신의 지각 능력도 증대되었을 겁니다. 하여, 다음에 이와 비슷한 사건이 다가왔을 때 적합한 관념을 획득하여 지금보다 더 능동적인 삶을 살 수 있게 됩니다. 즉 신체의 변용을 정신이 그대로 알 수 있습니다.

이렇듯 신체와 정신은 서로 영향을 주고받습니다. 하지만 신체가 우월하여 정신을 지배한다거나, 반대로 강한 정신이 신체를 지배할 수 있다는 의미는 아닙니다. 스피노자는 신체보다 우월한 정신이라는 통념을 비판합니다. 오히려 신체와 정신은 동등한 것이고 구성 원리가 같다고 봅니다.

우리는 흔히 정신의 힘으로 무기력한 신체를 움직일 수 있을 것이라 믿습니다. 그러나 수강을 피해 온 수동적 삶을 정신의 능동성만으로 바꿀 수 있다고 믿는 것은 정신에 대한 과대평가입니다. 스피노자의 견해에 따르면, 올바른 정신이 무기력한 신체를 끌어올릴 수 있다는 생각은 적합하지 않은 관념입니다. 수진 님의 사례에서 보듯, 능동적 삶을 살기 위해서는 정신의 힘만으로 신체를 지배하는 것이 아니라 신체의 경험을 통해 능력을 증대하는 것이 중요합니다. 신체와 정신은 동등한 관계에서 함께 움직이기 때문입니다.

사랑의 불씨가 된 단팥빵

빵집에 간 승철 님은 단팥빵을 보고, 단팥빵을 좋아하시는 어머니 생각이 나서 빵을 담았습니다. 그런데 어머니가 좋아하시는 다른 음식이 무엇인지는 잘 알지 못한다는 것을 깨닫고 부끄러움을 느꼈습니다.

승철 님은 빵집에서 집게를 들었을 때 문득 한편에 있는 단팥빵에 눈길이 갔고 그 순간 머릿속에 어머니가 떠오른 것을 알아차렸습니다. 승철 님은 요즘 들어 대학 교양 수업 과제에 부쩍 골몰해 있었습니다. 그 과제가 무엇인가 하면 "떠오르면 행하라"라는 기치로, 누군가 생각나면 그에게 바로 전화하고, 무엇인가 떠오르면 즉시 그때의 느낌을 글로 써서 제출하는 것이었습니다. 생각나도 무심코 그냥 지나칠 것들을 실제 행동으로 옮기고 글로 써 보는 수업이어서 승철 님은 요즘 떠오르는 자신의 생각들을 유심히 관찰하곤 했습니다.

승철 님의 어머니는 밀가루 음식을 즐기지 않으셨지만 유독 단팥빵만은 좋아하셨습니다. 승철 님은 그런 어머니를 떠올리며 빵을 담았습니다. 그러다 보니 문득 어머니가 어떤 음식들을 좋아하시는지 잘 모르고 있다는 생각이 들었고 그것이 부끄러워졌습니다.

어머니는 항상 승철 님과 동생이 좋아하는 음식에 쓰일 재료 위주로 장을 보셨습니다. 반찬거리 역시 본인보다는 자식들이 좋아하는 것을 사 오셨습니다. 승철 님은 이러한 부모님의 사랑을 당연하게 여겨 왔습니다. 그러다 부모님은 과연 어떤 음식을 좋아했는지 떠올리면서 반성하게 된 겁니다. 여태까지 자신이 누군가에게 받아 온, 하지만 눈치채지 못했던 사랑의 무게가 문득 묵직하게 느껴지면서 그걸 갚아야 한다는 생각이 들었습니다. 그리고 그게 바로 '사랑'이라는 것을 깨달았다고 합니다.

사랑의 시작은 누군가의 목소리가 의식에서 들리는 순간이라고 합니다. 또한, 누군가의 뒷모습이 눈에 들어오는 것 또한 사랑의 시작이라고 합니다. 승철 님이 본 것은 빵이 아니었습니다. 빵을 통해 승철 님의 의식은 어머니를 보았던 겁니다. 사랑의 힘이었겠죠. 그것은 어머니에 대한 사랑이 다른 각도에서 시작되었음을 의미할 겁니다. 어머니가 좋아하는 음식, 어머니가 즐겨 부르는 노래, 어머니가 즐겨 입는 옷과 그 옷의 색상 등을 상상하게 된 겁니다.

이러한 모든 것들이 처음에는 승철 님을 부끄럽게 만들었을지 모릅니다. 하지만 이제 알았으니 맘껏 사랑을 펼치면 되지 않을까요? 몰라서 못 했던 것보다 알고서도 안 했을 때 후회는 더 크게 다가오니까요.

자! 이제, 승철 님은 부모님의 사랑이 당연하지 않다는 것을 알았습니다. 그러니 하나하나 알아 가면서 부모님과의 사랑을 키워 가면 됩니다. 대부분의 사람들은 사랑을 준 만큼 받으려 하고, 받은 만큼 주려 합니다. 그런데 자녀를 향한 부모님의 사랑은 다르지 않을까요? 아마도 어머니는 자녀들이 좋아하는 음식을 준비하면서 마음속에 사랑을 하나하나 채우고 계셨을 겁니다.

스피노자는 『에티카』 3부 정리 21에서 다음과 같이 말합니다.

> "자신이 사랑하는 것이 기쁨이나 슬픔에 의해 변용될 것이라고 상상하는 이는 기뻐하거나 슬퍼하게 될 것이다. 그리고 이 두 개의 정서는 그것들이 사랑받는 것 속에서 더 커지거나 작아질수록 사랑하는 이 속에서 더 커지거나

작아질 것이다."

선뜻 이해가 안 되나요? 우리는 사랑하는 사람이 기뻐하는 것을 떠올리는 것만으로도 당연히 기쁨을 느낍니다. 반대로 사랑하는 사람이 슬퍼하는 것을 떠올린다고 하면 어떤가요? 똑같이 슬픕니다. 또 사랑하는 사람이 뛸 듯 기뻐하는 것을 보면 자기도 크게 기뻐합니다. 반대로 사랑하는 사람이 어깨가 축 처져 힘이 없고 너무 슬퍼하면 여러분도 크게 슬플 겁니다. 바로 그런 말입니다.

어머니가 사랑하는 마음을 담아 음식을 해 주었을 때 자녀들이 기뻐하며 그것을 먹습니다. 어머니는 먹는 그 모습을 떠올리며 기뻐합니다. 동시에 자녀들이 더 기뻐할수록 그것을 떠올리는 어머니도 더 기뻐한다는 뜻으로 이해할 수 있습니다. 반대로 사랑하는 자녀가 슬퍼하는 일이 발생했을 때 어머니 또한 슬퍼할 것이며, 자녀의 슬픔의 크기가 크면 클수록 어머니 또한 슬픔이 커집니다.

승철 님도 단팥빵을 담으면서 어머니가 좋아하실 모습을 상상하고 떠올렸을 겁니다. 이렇듯 우리는 우리에게 기쁨을 주는 무엇인가를 상상하면서 기꺼이 그 기쁨을 위해 시간과 돈, 열정을 투자하게 됩니다. 자신의 기대만큼 만족스러웠다면 더 큰 기쁨을 얻은 것이고, 그렇지 않다면 슬픔을 느낀 겁니다.

그래서 스피노자는 『에티카』 3부 정리 19에서 이렇게 말합니다.

> "자신이 사랑하는 것이 파괴된다고 상상하는 이는 슬퍼하게 될 것이다. 그리고 자신이 사랑하는 것이 보존된다고 상상하면 기뻐하게 될 것이다."

사람은 자신이 사랑하는 것을 생각하고 그것을 가능한 한 유지하려 한다는 의미로 이해할 수 있습니다. 즉 사람은 자신이 사랑하는 것을 떠올리며 자신의 신체 활동 능력을 증대시키거나 촉진시키고자 한다는 겁니다. 이것이 승철 님이 단팥빵을 담으면서 어머니를 떠올리고 느꼈던 기쁨입니다. 즉 승철 님 자신이 기쁘기 위해서는 어머니 또한 기뻐해야 합니다. 그러니 승철 님이 빨래를 갠다거나 설거지를 한다거나 어머니의 어깨를 주물러 주는 등의 행동을 해 보는 것은 어떨까요? 기쁨을 얻고자 한다면, 내가 사랑하는 그 누군가를 위해 행동하는 시간을 가져야 합니다.

두려움과 불안함 사이

✒️

친구들과 대만 여행을 간 태주 님은 지하철에서 실수로 일행과 떨어져 홀로 남겨졌습니다. 태주 님은 낯선 나라에서 통신 수단도, 도움을 줄 사람도 없이 혼자가 되어 매우 당혹스럽고 불안했습니다.

우리는 일어나지 않은 미래의 일에 대해서 기대감 또는 불안감을 느낄 수 있습니다. 중요한 면접을 앞두었다면 두려움을, 사랑하는 사람을 기다린다면 설렘을 느낍니다. 면접의 실패를 경험해 본 사람은 두려움이 더 클 것이고 사랑을 시작한 사람이라면 설렘의 감정으로 가득할 겁니다. 같은 시공간에 있어도 설렘을 느낄 때는 시간이 빠르게 지나가는 것 같고, 두려움을 느낄 때는 느린 것 같습니다.

　　태주 님은 친구들과의 대만 여행에서 혼자가 되었습니다. "내려야 돼!"라는 친구의 말을 들은 것 같아 부랴부라 내렸는데 지하철역에 자신만 홀로 서 있었습니다. 주위를 아무리 둘러보아도, 인파를 따라 플랫폼으로 나가 보아도 역시나 친구들은 없었습니다. 해외여행에서 생전 처음으로 통신 수단 없이 홀로 남겨진 겁니다. 그때의 당혹감은 정말 이루 말할 수 없을 정도였다고 태주 님은 말합니다.

이럴 땐 어떻게 해야 할까요? 당황스러울 땐 아무 생각이 나지 않듯 태주 님도 "어떡하지? 어떡하지?" 하며 멍하니 서 있었다고 합니다. 그러다 현실을 받아들이고, 스스로 상황을 해결하기로 했습니다. 친구들이 그곳으로 다시 돌아오지 않으리라는 판단을 한 후 가던 방향의 지하철을 다시 탔습니다. 최종 목적지는 아침에 들어서 알고 있었으니 환승을 어디서 해야 하느냐는 문제를 먼저 해결해야 했습니다.

우선, 한국인을 찾아 '핫스팟'을 빌려 친구들에게 카톡을 하려고 했습니다. 그런데 좀 전까지만 해도 여기저기서 들리던 한국말이 들리지 않았습니다. 정거장을 하나둘 지날 때마다 태주 님은 불안해졌습니다. 어쩔 수 없이 태주 님은 자신의 부족한 영어 실력을 받아 줄 것처럼 보이는 한 사람에게 핫스팟을 빌려 친구들과 연락을 할 수 있었습니다. 그 사람은 대만 지하철역 구조가 익숙하지 않았을 태주 님을 위해 직접 환승역까지 안내해 주었습니다. 덕분에 태주 님은 친구들을 다시 만나 즐거운 여행을 할 수 있었다고 합니다.

태주 님은 "계속 홀로 남겨지면 어쩌지…"라는 불안감에 더해 "이런 상황을 겪어 본 적이 없는데, 과연 잘할 수 있을까?"라는 두려움도 느꼈다고 합니다. 즉 낯선 지역, 통신 부재, 익숙하지 않은 언어 소통 등이 태주 님의 두려움을 극대화한 겁니다. 반면 아시아라는 익숙한 배경, 한국인을 만날 수 있을 거라는 기대, 목적지에 대한 정보 등이 두려움을 경감시켰다고 합니다. 그리고 마침내 해결 방안을 찾고 문제 해결을 시도하여 성공했을 때 태주 님의 두려움은 사라졌습니다.

스피노자는 『에티카』 3부 「정서들에 대한 정의」 13에서 말합니다.

> "공포는 우리가 그 결과에 대해 어느 정도 불확실하게 여기는 미래나 과거의 것에 대한 관념으로부터 생겨나는 불안정한 슬픔이다."

이는 어떤 뜻일까요? 면접에서 실패했던 과거의 경험으로 인해 오늘 있을 면접에서도 실패할 것 같은 그 불길한 예감에서 생기는 슬픔을 우리는 두려움이라고 이해할 수 있습니다. 따라서 태주 님이 느낀 것은 두려움과 불안함일 겁니다. 중요한 것은 두려움이든 불안함이든 자신의 곁에 머물러 있게 하기보다 하루속히 떠나보내야 한다는 겁니다. 태주 님처럼 불안 요소를 하나하나 해결하면서요.

스피노자는 인간의 정신과 신체에 대해 『에티카』 2부 정리 16에서 다음과 같이 말합니다.

> "인간 신체가 외부 물체에 의해 변용되는 모든 방식에 대한 관념은 인간 신체의 본성과 동시에 외부 물체의 본성도 함축해야 한다."

낯선 곳에서 혼자 남았을 때 우리의 신체는 외부 상황에 자극을 받게 되며 그 자극은 불안함과 두려움이라는 정신으로 나타나게 됩니다. 하여, 태주 님의 정신은 자신의 신체를 불안하게 한 요소, 즉 낯선 지역, 통신 부재, 익숙하지 않은 언어 소통의 본성을 그대로 지각합니다. 태주 님이 문제를 해결하지 않았다면 불안함은 그대로 유지되고 있을 겁니다.

"여행은 편하고 즐거워야 해"라는 마음을 내려놓으면 혼자 남은 상황에서도 조금 덜 당황하게 되지 않을까요? 내가 통제할 수 없는 외부 상황에 의해 우리 정신이 자극받음을 알고, 외부의 조건을 있는 그대로 생각해 보아야 합니다. "저 사람은 꼭 와야 해"라는 마음을 가지는 순간 "안 오면 어떡하지?"라는 불안함과 두려움은 커집니다. 하여, 지금 내가 바라는 것과 가진 것들은 언젠가 나를 떠날 수 있는 외부 조건임을 인식하면 불안함은 그만큼 줄어듭니다. '사랑을 지키고자 하는 마음'과 '떠나면 안 된다는 마음'이 내 안에 있는 한 두려움과 불안함은 결코 떠나지 않을 테니 말이죠.

태주 님은 말합니다. "두려움은, 문제를 해결하겠다는 확신을 가지게 됨에 따라 점차 사라졌다"라고요.

1-4

권태기에 피어난 진짜 사랑

은영 님은 1년 넘게 사귄 남자친구에게 느끼는 설렘이 많이 줄었습니다. 남자친구가 딱히 잘못한 것은 없지만, 어떤 문제에 대해 남자친구와 이야기하기보다는 혼자 고민하게 되었습니다. 그런데 그와 함께 카페에서 공부하다가 오랜만에 설렘을 느꼈습니다.

은영 님은 시험 기간이 되면 공부에 집중해야 하기 때문에 예민해지는 편입니다. 그런데 요즘 남자친구에게 왠지 서운하기만 합니다. 남자친구가 잘못한 것은 없습니다. 큰소리를 내서 싸운 일도 없습니다. 그런데 어느 순간 깨달았습니다. 이제 남자친구와 싸움도 하지 않고 있다는 사실을 말입니다. 문제가 생기면 혼자 고민하는 시간이 더 많아졌습니다.

권태기. 남자친구와 사귄 지 1년이 넘었습니다. 이제 설렘이 많이 줄었습니다. 각자 자신의 스펙을 쌓아 가는

데 바쁩니다. 만나도 익숙한 장소에만 가서 한두 시간 함께 있다 헤어집니다. 이렇다 보니 은영 님은 남자친구와 진심으로 서로 좋아 만난다는 생각이 들지 않습니다. 서로 집중하지 못하고 있다고 해야 할까요?

그러다 얼마 전에 카페에서 함께 공부를 했습니다. 그날은 공부보다 남자친구에게 더 집중됐습니다. 시험과 학과 공부에 대해 대화를 나눴습니다. 남자친구는 은영 님의 이야기에 귀 기울였습니다. 은영 님도 남자친구의 얘기가 재미있었습니다. 그러자 실로 오랜만에 설렘을 느꼈습니다. 은영 님은 어떻게 하면 이 설렘을 지속할 수 있을지, 그 방법이 무엇인지 알고 싶어졌습니다.

최근 은영 님과 대화를 나누며, 어떻게 오랜만에 설렘을 느낄 수 있었는지 알게 됐습니다. 은영 님은 처음에 남자친구를 참 좋아했습니다. 그 사람이 자신에게 하는 행동 하나하나를 되새기며 나를 이렇게 사랑하는구나, 아껴 주는구나 생각했습니다. 소중한 것을 아낄 줄 아는 그가 고마웠습니다. 길을 걷는 것도, 밥을 먹는 것도, 공부하는 것도, 조는 모습도 다 사랑스럽고 귀여웠습니다.

하지만 어느 순간부터 자꾸 짜증이 났습니다. 시간이 지나면서 본 남자친구는 자신이 사랑하는 사람의 모습과 완전히 일치하지 않았기 때문입니다. 길을 걸을 때 옆 사람을 미는 모습, 밥을 먹을 때 반찬을 뒤적거리는 모습, 공부할 때 볼펜 소리를 내는 산만한 모습 하나하나가 거슬리기 시작했습니다. 처음엔 말을 하지 않았습니다. 그저 '내가 예민한 탓이겠지. 시간이 지나면 괜찮아지겠지'라고 생각했습니다. 남자친구는 예전과 달라진 것 없이 여전히 자신에게 잘해 주는데, 은영 님은 남자친구에게 불만이 쌓인 건지 자신의 마음이 고장난 건지 몰라도 그를 바라보는 스스로의 눈이 삐뚤어졌다는 생각이 들었습니다.

이런 상황에서 계속 같이 시간을 보내는 것은 은영 님에게 고통이었습니다. 좋은 척, 괜찮은 척을 해야 했기 때문입니다. 그래서 은영 님은 자신을 위해서 남자친구와 같이 있는 시간을 점점 줄였습니다. 상황을 외면한 채, 그저 시간이 해결해 주기를 기다린 겁니다. 그렇게 계속 피하던 와중 어느 날 남자친구가 은영 님을 찾아왔습니다. 요새 은영 님이 달라진 것 같고, 예전 같지 않다면서 말이죠.

은영 님은 한참을 고민했습니다. 관계가 깨지는 않을까. 이런 말을 하면 못된 사람이 되는 것은 아닐까. 한참을 입을 닫고 있다가 괴로워하는 남자친구를 위한다는 마음으로 말을 꺼냈습니다. 요새 함께 있는 것이 행복하지 않다고. 권태기가 온 것 같다고 말입니다. 그 말을 하면서 은영 님은 남자친구가 떠나지는 않을지, 자신을 원망하게 되지는 않을지 무서웠습니다.

　은영 님의 말을 들은 남자친구는 한참 동안 아무 말도 하지 않았습니다. 은영 님에게는 그 시간이 이때껏 남자친구와 함께했던 시간 중 가장 길게 느껴졌습니다. 남자친구로부터 돌아온 대답은 '말해 줘서 고마워'였습니다. 그 말을 시작으로 사뭇 놀라운 얘기를 들을 수 있었습니다. 남자친구는 은영 님이 이때까지 한 번도 속마음을 말한 적이 없었다고 합니다. 그러자 은영 님은 솔직한 마음을 드러내지 못하는 자신이 보였습니다. 그러면서 자신이 누구를 만나도 그저 겉껍데기로만 대한 것 같다는 생각이 순간적으로 들었다고 합니다.

　충격을 받은 은영 님은 하염없이 눈물을 흘렸습니다. 눈물이 멈추지 않았습니다. 그렇게 있는데 답답했던 마음 한구석이 뻥 뚫리는 것 같았습니다. 미안하다며 펑펑 울고 나서 남자친구를 꼭 안아 주었습니다. 그러자 마음이 꽉 차는 느낌과 더불어 사르르 녹는 것 같았습니다. 새로운 것이 다시 시작되는 기분이었습니다. '자신이 정한 틀에 끼워 맞추는 것이 아닌, 나를 그 자체로 사랑해 주는 사람이구나.' 이런 생각이 든 은영 님은 남자친구가 고마웠습니다. 그리고 전보다 그를 더 사랑하게 됐습니다.

　그렇게 은영 님은 남자친구의 말을 통해 자신의 모

습을 알게 됐습니다. 은영 님은 이제 다시 찾은 설렘을 유지하는 방법이 궁금합니다. 그러기 위해서 우선 은영 님은 먼저 자신이 어떤 모습인지 정확하게 알아야 합니다. 그리고 자신의 생각과 감정을 남자친구에게 솔직하게 말하면 되지 않을까요?

정리하자면, 은영 님에게는 자신에 대한 앎 그리고 원활한 소통이 설렘을 지속하는 방법이 될 수 있지 않을까 싶습니다. 『에티카』 3부 정리 53을 볼까요?

> "자기 자신 및 자신의 행위 역량을 바라볼 경우 정신은 기쁨을 느끼며, 정신이 자기 자신 및 자신의 행위 역량을 좀더 특별하게 상상할수록 더 그렇다."

이는 자신의 활동을 알 때 기쁨을 느낀다는 뜻입니다. 은영 님이 자신의 모습을 정확히 알고 남자친구와 소통한다면 관계를 잘 유지할 수 있을 겁니다. 그러면 은영 님은 기쁨을 느끼고, 설렘도 지속되기에 사랑을 유지할 수 있습니다. 은영 님이 진정한 사랑꾼으로 거듭나길 기원합니다.

스스로 만든 감옥에 갇혀

성훈 님은 어른들이 하는 말이라면 듣기 싫은 마음입니다. 성훈 님이 어렸을 때부터 가족들은 술에 취한 아버지의 괴롭힘, 술에서 깨어난 아버지가 아무것도 기억하지 못하는 상황 때문에 괴로웠습니다. 표출되지 못한 성훈 님의 분노는 자기 자신을 향했고, 성훈 님은 결국 모든 감정을 차단해 버렸습니다.

성훈 님은 자라면서 어른들에 대한 반발감이 컸습니다. 누구의 말도 듣고 싶지 않았습니다. 분노 때문이었습니다. 성훈 님이 어렸을 때부터 아버지는 술에 취하면 가족을 괴롭혔습니다. 그러다가 깨어나면 아무것도 기억하지 못했습니다. 그것이 가족들을 몹시 힘들게 했습니다. 머릿속이 하얗게 비어 깨어난 아버지에게 소리 지르며 화를 내기도 어려웠습니다. 그 분노는 성훈 님 자신을 향했습니다. 마음이 언제나 부글부글 끓었습니다. 하지만 표출하지 못한 화는 성훈 님의 마음에 불만이 가득 차도록 만들었습니다. 이 때문인지 다른 사람이 하는 말, 특히 어른들이 하는 말은 다 듣기 싫었습니다.

대학 입학 원서를 쓸 무렵이었습니다. 성훈 님이 국문과를 가겠다고 하니 모두들 졸업하면 굶어 죽기 십상이라고 했습니다. 선생님, 부모님, 그 외 조언을 해 준 사람들이 하나같이 약속이라도 한 듯 그렇게 입을 모았습니다. 성훈 님의 반발심은 더 커졌습니다. '좋다. 국문과 나와서 보기 좋게 성공해 주겠다.' 그렇게 마음먹은 성훈 님은 국문과에 진학했고, 글을 써서 꼭 성공해야겠다고 다짐했습니다. 그런데 현실은 녹록지 않았습니다. 글을 써서 생활하기가 매우 어려웠습니다. 그래도 성훈 님은 고집을 꺾지 않았습니다.

성훈 님은 말합니다. "감정을 느끼고 싶지 않았어요. 감정을 느끼면 너무 힘드니까 차단해 버린 것 같아요. 근데 그게 핀셋으로 골라내듯이 부정적인 감정만 차단할 수 있는 게 아니더라고요. 기쁨이나 사랑 같은 긍정적인 감정도 못 느끼게 되더라고요."

성훈 님은 자신의 고집이 삶의 다양한 가능성을 차단했고, 그래서 세상의 다채로운 모습을 그대로 보지 못했다는 것을 뒤늦게 깨달았습니다. 그러자 오기와 고집이 차츰 사라져 갔습니다. 그러나 화는 사라지지 않고 여전히 마음에 똬리를 틀고 있습니다. 이제 성훈 님은 어떻게 하면 좋을까요?

『에티카』 3부 정리 40 주석을 볼까요?

> "우리가 미워하는 이에 대해 나쁜 일을 행하려는 노력은 앙심(Ira, 노여움)이라 불린다."

성훈 님은 아버지의 행동에 대해서 분노했으나 그걸 표현하지 못했습니다. 왜냐하면 술을 마시고 난 뒤의 행동을 아버지가 전혀 기억하지 못하기 때문입니다. 그렇기에 성훈 님의 분노는 해소될 길이 없었습니다. 제3자에게 이유 없이 화를 낼 수도 없었습니다. 어떻게 하면 분노를 약화시킬 수 있을까요?

스피노자는 두 가지 방법을 말합니다. 첫 번째는 더 큰 분노가 생겨나면 기존의 분노를 잊을 수 있다는 겁니다. 그런데 성훈 님의 상황에서 가능한 방법은 아닙니다. 아직도 아버지에 대한 분노가 크기 때문입니다. 두 번째는 기쁨을 이용하는 겁니다. 기쁨을 느끼는 일을 해서 슬픔이나 분노를 희석하는 겁니다. 그러나 이는 한계가 있습니다. 약해졌더라도 분노는 마음 밑바닥에 잠재해 있어서 사라지지 않습니다.

그렇다면 이때 할 수 있는 게 무엇일까요? 아마도 아버지와 소통하는 게 아닐까요? 아버지는 자신이 어떤 잘못을 했는지 모릅니다. 술 때문입니다. 분노에 사로잡히지 않으려고 노력하면서, 아버지가 한 행동을 아버지에게 그대로 이야기해 보면 어떨까요? 물론 아버지가 그 이야기를 듣더라도 술을 마시면 또 폭력적인 행동을 할 가능성이 큽니다. 그러나 성훈 님이 알려 주지 않으면 아버지 스스로 행동을 개선할 여지가 별로 없습니다. 힘들더라도 아버지의 행동에 대해 계속 이야기해야 할 겁니다. 그렇게 지속하다 보면 어느 시기에 아버지 스스로 개선의 마음을 가질 가능성이 생기지 않을까요? 이 가능성을 차단하고 계속 지내다 보면 성훈 님은 너무 답답할 겁니다.

　　성훈 님 자신에게 기쁨을 주는 행위가 무엇이 있는지 계속 찾고, 동시에 아버지와도 꾸준히 소통해야 합니다. 이렇게 두 가지 노력을 하는 게 성훈 님의 상황에서 최선이지 않을까 합니다. 그러다 보면 아버지도 조금씩 변화할 것이기에 상황이 호전될 시기가 올 겁니다.

　　『에티카』 3부 정리 55는 다음과 같습니다.

> "정신이 자신의 무능력을 상상할 때, 정신은 이로 인해 슬픔에 빠지게 된다."

성훈 님의 무능력은 반발감에 의한 고집이었습니다. 두 손을 꽉 쥐고 살아왔고, 다양한 기회를 거부했습니다. 이에 대해서 성훈 님은 슬픔을 느끼고, 또 후회하게 될지도 모릅니다.

『에티카』 3부 「정서들에 대한 정의」 27을 볼까요?

> "후회는 우리가 정신의 자유로운 결단에 의해 이루어진 것이라고 믿는 행위에 대한 관념을 수반하는 슬픔이다."

자신이 자유롭게 한 행동인데도 그것을 떠올리면 슬퍼지는 것이 후회라는 겁니다. 성훈 님은 자신의 결단으로 국문과를 선택했음에도 결국 자신이 너무 고집부렸다는 생각에 후회하고 슬픔을 느낍니다. 성훈 님 입장에서는 자신의 행동이 옳았다고 생각하기 어려울 겁니다. 왜냐하면 자신도 힘들고, 그러면 당연히 가족들도 힘들어지기 때문입니다.

그렇기에 고집이 사라진 자리를 '소통'으로 채운다면 성훈 님은 다시 또 나아갈 길을 찾을 수 있습니다. 성훈 님은 최근에 '카톡 소통'이란 방법을 생각했습니다. 아버지가 술을 마셨을 때 자신의 감정을 솔직하게 적고 이것을 아버지에게 있는 그대로 전송합니다. 아버지가 변화할 때까지 성훈 님은 이를 지속하려고 합니다.

엄마의 사랑에 대한 오해와 이해

주연 님은 엄마가 영화를 보자고 제안해 놓고 먼저 잠드는 것이 이해되지 않았습니다. 주연 님이 애써 시간을 들여 재밌는 영화를 찾아 틀어도 끝까지 보지 못하는 엄마, 왜 자꾸 영화를 보자고 하는 걸까요?

주연 님은 가끔 엄마의 말을 이해하지 못합니다. 엄마가 종종 저녁에 소파에 앉아 '뭐 재밌는 영화 없니?' 하고 물으시면 주연 님은 애써 영화를 찾아 트는데, 엄마는 영화를 끝까지 보는 법이 없고 중간에 잠듭니다. 어차피 보지도 않을 영화를 왜 자꾸 보자고 하는지 주연 님은 이해할 수 없었고, 시간도 아까웠습니다. 그러던 어느 날 영화를 보자는 엄마의 말이 주연 님에게 다르게 들렸습니다. 과제를 위해 '부모님의 언어'라는 영상을 본 뒤였습니다. 거기에서는 부모님의 말을 액면 그대로 받아들이지 말고, 그 안에 들어 있는 진심을 봐야 한다고 했습니다. 그래서 주연 님은 엄마가 영화를 보자고 했을 때, 그 말이 정말로 같이 영화를 보자는 것이 아니라 엄마랑 앉아서 이야기도 하고 시간을 같이 보내자는 뜻이 아닐까 생각해 보았습니다. 그러고 나니 주연 님은 집에 오면 대부분의 시간을 방에서 혼자 보냈기에 엄마와 함께하는 시간이 부족했고, 엄마와 같이 있어도 왠지 어색했다는 것을 알아차릴 수 있었습니다.

그동안 엄마의 말을 이해하지 못했던 것은 엄마의 말과 행동이 달랐기 때문입니다. 물론, 피곤해서 그럴 수도 있겠다 싶다가도 상황이 반복되면서 오해가 생겼고 형식적으로 영화를 틀곤 했습니다. 하지만 이제는 알게 되었습니다. 엄마는 영화를 보고 싶었던 것이 아니라 딸과 함께 시간을 보내고 싶었다는 것을 말입니다. 엄마의 말을 이해할 수 있게 된 주연 님은 이제부터는 엄마와 함께 보내는 시간을 늘려 후회하지 않으려 합니다. 나중에는 엄마에게 친구 같은 딸이 되고 싶습니다.

그런데 엄마는 왜 주연 님에게 "같이 시간을 보내고 싶다"라고 직접적으로 말하지 못했을까요? 하고 싶은 말을 숨김없이 한다면 우리는 오해에서 벗어날 수 있을까요?

스피노자에 따르면 우리는 우리의 정신이 활동하는 능력을 명확하게 고찰할 때 큰 기쁨을 느낀다고 합니다. 딸과 함께 시간을 보내고 싶다는 생각은 어머니에게 기쁨을 주고 어머니는 그것을 알고 있습니다. 그러면 딸과 함께 시간을 보낼 때 어머니의 몸으로 기쁨이 올 거라고 이해할 수 있습니다. 그리고 함께 시간을 보내고 싶다는 것을 더 명확하게 떠올릴수록, 어머니는 더 큰 기쁨을 느낄 수 있습니다. 하여 우리가 어떠한 활동을 할 때 기쁨을 느끼는지 알아야 합니다. 또한 그것을 명확하게 표현할 때 오해도 없고 후회도 하지 않게 되어 더 큰 기쁨을 느낄 수 있습니다.

　　통화할 때 어머니들이 "밥은 먹고 다니느냐?"라고 묻는 것은 밥을 먹지 못할 것을 걱정하는 것뿐 아니라 얼굴을 보고 싶으니 전화라도 자주 하라는 뜻이 아닐까요? 사랑을 확인하고 싶고 나아가 사랑을 받고 싶다는 마음의 표현이 아닐까요? 우리는 사랑과 관련해 어떠한 노력을 하고 있을까요?

　　『에티카』 3부 정리 33은 다음과 같습니다.

> "우리가 우리와 유사한 어떤 것을 사랑할 때,
> 우리는 우리가 할 수 있는 한 그것이 역으로 우리를
> 사랑하게 되도록 노력한다."

부모는 자녀에게 사랑을 주기만 하고, 자녀는 부모

의 사랑을 받기만 하지는 않습니다. 우리는 누구나 사랑을 하면서 기쁨을 느끼고 동시에 사랑을 받고자 상상하면서 더 큰 기쁨을 느끼고 싶어 합니다. 스피노자는 『에티카』 3부 정리 12에서 **"정신은 할 수 있는 한에서 신체의 행위 역량을 증대시키거나 촉진하는 것을 상상하려고 노력한다"**고 했습니다. 하여, 주연 님의 어머니는 딸과 함께 영화 보는 시간을 통해 사랑받고자 하는 상상을 실현하기 위해 노력한 것으로 이해할 수 있습니다.

『에티카』 3부 정리 34를 함께 보도록 하겠습니다.

> "우리가 사랑하는 것이 우리에 대해 커다란 정서로 변용된다고 우리가 상상하면 할수록, 우리는 우리 자신에 대해 더 큰 자부심을 느끼게 될 것이다."

함께 영화를 본다는 상상은 어머니에게 커다란 기쁨이 될 것이고, 그것이 실현되었을 때 더 큰 기쁨을 느낄 겁니다. 이렇듯 우리는 사랑을 주고받는 기쁨을 상상하면 할수록 더 큰 뿌듯함을 느끼게 됩니다. 주연 님이 어머니의 말과 행동이 다른 것을 이해할 수 없었을 땐 기쁨이 아니라 슬픔을 느꼈을 겁니다. 그러나 이제는 말과 행동이 다른 어머니를 이해할 수 있기에 기쁨을 느낄 수 있습니다. 그래서 친구 같은 딸이 되고 싶다고 합니다. 주연 님도 어머니와 같이 기쁨을 느끼는 것을 상상해서 스스로에게 더 큰 뿌듯함을 느끼게 되면 좋겠습니다.

　　주연 님은 말합니다. "어렸을 땐 부모님께서 뭐든 해 주실 거라 생각했고, 조금 더 나이가 들어서는 '우리 부모님이 경제적으로 그렇게 여유가 있진 않으시구나' 하고 생각했어요. 더 나이가 들자 이제야 부모님께서 얼마나 간절하게 또 악착같이 살아오셨는지 알 것 같습니다. 더 늦기 전에 부모님과 많은 시간을 가져야 할 것 같아요." 주연 님은 부모님이 악착같이 삶을 꾸릴 수 있었던 원동력이 사랑의 힘이었으리라는 깨달음을 얻었습니다. 그리고 그동안 어머니가 얼마나 사랑을 확인받고 싶어 했을까 되돌아보게 되었다고 합니다.

1-7

사랑이 왜 만만치 않은지 알아?

✒

수지 님은 남자친구에게 상처가 되는 말을 들어 큰 슬픔에 빠졌고, 남자친구에게 이별을 통보했습니다. 남자친구는 수지 님이 왜 헤어지고 싶은지 알고 싶은 반면 수지 님은 그에 대해 말하고 싶지 않습니다.

해서는 안 되는 말을 했다는 이유로 남자친구에게 이별을 통보한 수지 님은 슬픔과 함께 고민에 빠져 있습니다. 남자친구는 헤어짐의 원인을 알고 싶어 했으나 수지 님은 말해 봐야 바뀔 것도 아닐뿐더러 이미 헤어진 상태니 더 이상 말하고 싶지 않다는 것이었습니다. 도대체 해서는 안 되는 말이 무엇이었기에 그것이 수지 님을 슬픔에 빠트리고 고민하게 만들었을까요?

수지 님은 어렵게 이야기를 꺼내 놓았습니다. 어렸을 때부터 수지 님은 어머니에게서 "넌 하는 것마다 다 왜

이 모양이니!"라는 말을 자주 들었고, 그것이 큰 상처로 남아 있었다고 합니다. 그런데 남자친구가 어쩌다가 그 말을 수지 님에게 한 겁니다. 수지 님 입장에서는 살면서 가장 상처되었던 말을 사랑하는 사람으로부터 다시 듣게 되어 더 큰 상처로 다가왔을 겁니다.

그렇다면 수지 님은 앞으로 어떻게 해야 슬픔에서 벗어날 수 있을까요? 또 다른 친구, 사회생활을 하면서 누군가로부터 비슷한 말을 듣게 된다면 수지 님은 그때도 이별하거나 사표를 내는 방식으로 대응해야 하는 걸까요? 근본적인 해결책은 없을까요?

스피노자는 『에티카』 3부 정리 40에서 다음과 같이 말합니다.

> "자신이 누군가에게 미움을 받고 있다고
> 상상하지만 그 자신은 그에게 미움을 받을 만한
> 일을 한 적이 없다고 믿는 사람은 역으로 그를
> 미워하게 될 것이다."

"넌 하는 것마다 다 왜 이 모양이니!"라는 말을 들을 때마다 어린 수지 님은 어머니가 자신을 미워한다고 상상했을 겁니다. 그러나 수지 님은 자신이 미움받을 만한 일을 하지 않았기에 오히려 어머니가 미웠을 겁니다. 그럼에도 불구하고 다른 한편으로는 어머니를 사랑합니다. 그래서 사랑과 미움에 동시에 사로잡혀 혼란스러웠을 겁니다. 이 상황은 결국 수지 님에게는 슬픔입니다. 안타깝게도 예전의 그 슬픔이 남자친구의 말로부터 다시 떠오르게 되었습니다. 슬픔을 피하고 싶었던 수지 님은 "남자친구를 더 이상 미워할 힘도 없어요"라고 말합니다. 아마도 미움의 상상이 더 커지는 것이 힘들었을 겁니다.

스피노자는 『에티카』 3부 정리 38 증명에서 사랑이란 **"사람이 할 수 있는 한에서 [자기를] 보존하려고 노력하는 기쁨"**이라고 했습니다. 그리고 우리는 **"사랑하는 실재"**를 가능한 한 **"기쁨으로 변용하려고"** 한다고 했습니다. 따라서 사랑이 크면 클수록 이 노력은 더욱 크다고 합니다.

그렇다면 안타까운 것은 수지 님이 자신의 기쁨을 가능한 한 유지하려는 노력이 부족했던 점입니다. 남자친구는 이유도 모른 채 이별을 통보받았습니다. 수지 님은 말해 봐야 남자친구가 바뀌지 않을 것이라 했습니다. 어머니에 대한 미움이 남자친구에게까지 확대되었습니다. 문제를 근본적으로 해결하지 않으면 수지 님은 만나는 누구에게도 똑같이 대응할 겁니다. 그러는 한, 수지 님은 슬픔의 고리에서 벗어나기 어렵지 않을까요? 그렇기에 수지 님은 어머니와의 관계에서 경험한 슬픔을 먼저 잘 해결해야 합니다.

『에티카』 3부 정리 13의 따름정리와 주석을 함께 보도록 하겠습니다.

> "[…] 정신은 그의 역량 및 신체의 역량을 감소시키거나 억제하는 것을 상상하지 않으려고 한다. [⋯]"

> "[…] 사랑은 외부 원인에 대한 관념에 수반되는 기쁨과 다른 어떤 것이 아니며, 미움은 외부 원인에 대한 관념에 수반되는 슬픔과 다른 어떤 것이 아니다. [⋯]"

위의 말 중 처음 것은, 누구나 자기 신체의 능력을 감소시키는 것을 떠올리기 싫어한다는 뜻입니다. 다음 것은 사랑은 외부의 것(사람이나 사물)에 의해서 기쁨을 느끼는 것이고, 미움은 외부의 것으로 인해 슬픔을 느낀다는 뜻입니다.

수지 님은 여동생 앞에서 비교를 당하는 말을 들었을 땐 수치스러웠고, 어머니가 "넌 여자애가…"라고 말을 시작할 땐 무시당하는 느낌이 들었다고 했습니다. 그 수치심과 모멸감이 수지 님을 힘들게 했고, 기운이 빠지게 했을 겁니다. 이는 결국 신체의 능력 감소로 이어집니다. 그래서 수지 님은 그 상황이 상기되는 것조차 피하고 싶었을 겁니다. 수지 님은 무시당할 그 어떤 원인도 어머니께 주지 않았다고 생각합니다. 하여, 수지 님은 어머니라는 외부 원인에 의해 수치심과 모멸감을 느낍니다. 이것을 떠올리면 수지 님은 슬픔에 빠집니다.

가족이라고 해서 무엇이든 이해해야 하는 것만은 아닙니다. 가족이기 때문에 서로에게 더 큰 미움이 생길 것을 두려워하여 정작 하고 싶은 말을 참아야 한다면, 수지 님과 같은 사례는 얼마든지 볼 수 있지 않을까요? 사람은 누구나 자신을 슬픔에 빠트리는 것은 피하려 하고, 기쁨을 주는 것은 촉진하려고 합니다. 수지 님은 상처를 드러내는 것이 자신에게 슬픔을 주기 때문에 피하려 했고, 도망치려 했습니다.

몇 주 뒤 수업에서 다시 만난 수지 님의 표정이 한결 밝아 보였습니다. 어머니로부터 "그때 내가 그랬었구나. 미안했네"라는 말을 들었다고 했습니다. 수지 님은 남자친구에게 헤어지자고 했던 이유를 이야기했고, 이제 조금 편하게 지낼 수 있게 됐다고 했습니다. 이로부터 우리는 기쁨이나 슬픔으로 자극하는 대상과 얼마간 유사하다고 상상하는 사실 하나만으로 무언가를 사랑하고 미워하게 된다는 사실을 알았습니다. 따라서 내가 누군가를 사랑하거나 미워할 때 그 원인이 지금 내 눈앞에 있는 사람이 아닐 수 있으며, 이는 과거 누군가로부터 받은 자극이 내 눈앞에 있는 사람에게 투영된 것이라 생각할 수 있는 겁니다.

　　우리가 "너 때문이야!"라고 말할 때 문제의 원인이 백 퍼센트 상대 때문만은 아닐 수 있습니다. 그렇기에 '내가 누군가를 미워할 때 그럴 만한 충분한 원인이 그 사람에게만 있는 것일까?'라고 돌이켜보아야 합니다. 감정에 휘몰려서 잘못된 판단을 하기보다는, 내가 모르는 원인들이 있다는 걸 인식할 때 미움을 감소시킬 수 있을 겁니다. 가족에 대해서든 연인에 대해서든, 사랑이 만만하지 않은 이유입니다.

1-8
보내 줘야 할 우정

🖋

은우 님은 성인이 된 지금도, 같은 고등학교를 다녔던 단짝 친구와 갑자기 멀어졌던 것이 의문입니다. 밥도 함께 먹고 새벽 내내 메시지를 주고받던 친구와 어느 날부터 서먹해진 겁니다. 그 친구의 눈치를 살피게 된 지 오랜 시간이 지났지만, 은우 님은 그 친구와 여전히 다시 가까워지고 싶습니다.

고등학생 때, 은우 님에게는 아주 친한 친구가 있었습니다. 학교에서 은우 님은 그 친구와 점심을 먹고 함께 산책하곤 했습니다. 그러면서 일상생활에 대한 이런저런 이야기를 나눴습니다. 새벽까지 잠들지 못한 날에 역시 새벽에 잠이 깬 그 친구와 카톡을 주고받기도 했습니다. 참 즐거웠습니다. 어느 주말 아침에 그 친구는 첫눈이 쌓였으니 같이 학교에 가서 제일 먼저 눈을 밟아 보자고 은우 님에게 연락했습니다. 그 친구는 다음 해에도 첫눈이 오면 같이 첫 번째로 밟으러 가자고 했습니다. 은우 님은 그 친구와 함께 보냈던 시간이 즐거웠습니다.

그런데 어느 날부터 그 친구와 멀어지고 말았습니다. 은우 님은 그 친구와 멀어진 이유가 무엇인지, 고등학교를 졸업한 지금도 모릅니다. 학교가 달라진 것도, 반이 멀리 떨어진 것도, 공유하던 취미가 없어진 것도 아니었습니다. 친구와 멀어졌다고 느끼자 은우 님은 힘들었습니다. 그리고 사이가 멀어진 그 친구의 기분이 좋은지 안 좋은지 자꾸 눈치를 봤습니다. 그렇게 된 지 오래되었습니다. 그런데도 은우 님은 여전히 그 친구를 다시 만나고 싶습니다. 왜 다시 만나고 싶은지 이유를 알고 싶습니다.

사실 행복했던 때를 떠올리면 누구나 기분이 좋아집니다. 은우 님도 마찬가지입니다. 친구와 소통이 잘 되던 시기에 누구보다 즐거웠습니다. 그런데 지금은 그렇지 않습니다. 그렇게 된 이유는 잘 모릅니다. 은우 님과 친구가 만나던 때는 둘 사이에 활기가 있었습니다. 새벽에 깨어난 사람과 새벽까지 잠 못 든 사람이 나누는 대화는 짜릿했을 겁니다. 첫눈을 함께 밟자는 제안에 즉각적으로 화답했던, 소통이 잘 되는 상황이 있었습니다. 이렇게 행복한 순간들은 지나가 버렸습니다. 두 사람이 원활하게 소통하던 시기가 지나간 겁니다. 은우 님은 이제 다른 관계에서 기쁨을 더 많이 느끼고 있을지도 모릅니다. 이는 그 친구의 경우도 마찬가지입니다. 둘 다 다른 관계에서 기쁨을 느끼면서 지내면 그것도 나름대로 괜찮은 게 아닐까요?

은우 님은 말합니다. "연애를 하게 되면 이별을 하고 그 이별은 곧 서로 인연이 끝나는 것인데, 너무나도 좋은 친구라면 오히려 연인이 아니라서 다행이라고 느끼곤 해요. 하지만 그 친구에게 연인이 생기거나 더 친한 친구가 생기기 전에 제가 옆자리를 지키고 싶은 욕구도 있습니다. 그러나 이 욕구가 늘 실현되는 것은 아니에요." 은우 님은 여전히 그 친구에게 연락을 하고 싶습니다. 왜일까요? 그 사람과의 관계에서 가장 큰 행복과 기쁨을 느꼈기 때문입니다. 그 시절에는 둘 다 학생이었습니다. 인간관계가 다양하지 않으니 두 사람의 만남의 밀도도 높았을 겁니다. 그러나 요즘의 은우 님은 더 다양한 관계에 놓여 있습니다. 우정이 아닌 이해관계에 의해 사람을 만나기도 하겠지요. 이때 친밀함의 밀도는 당연히 예전과는 다를 수밖에 없지 않을까요? 이런 상황에서 오래전 관계가 줬던 행복을 다시 찾으려는 것은 지나가 버린 빛을 잡으려 노력하는 격이 아닐까요? 그렇다면 되물어야 합니다. 친구를 예전처럼 똑같이 잡으려 할 건가요? 아니면 현재 어떤 행동을 지속하여 거기에서 기쁨을 느낄 건가요?

쾌감은 신체의 일부분에서 느끼는 감각입니다. 이

에 비해 유쾌함은 몸 전체로 느끼는 기쁨입니다. 은우 님은 예전에 친구와의 친밀감에서 유쾌함을 느꼈습니다. 그러나 이제 이해관계 없이 친밀감을 느끼는 관계의 자장에서 은우 님은 벗어났습니다. 그렇다면 은우 님은 예전의 빛을 그리워만 할 게 아니라 스스로의 행동으로 빛을 찾으면 되지 않을까요? 예전 친구를 만나서 다시 그때의 즐거움을 찾으려 하기보다 자신의 행위나 말로 '현재의 기쁨'을 만들어 가는 것이지요. 『에티카』 3부 정리 11의 주석을 보겠습니다.

> "[…] 기쁨의 정서가 정신과 신체에 동시에 관계할 때 나는 이를 쾌감이나 유쾌함이라 부르고, 슬픔의 정서는 고통이나 우울이라고 부른다. […] 유쾌함과 우울은 신체 전체가 동등하게 변용되는 경우와 관련된다. […]"

은우 님이 친구와 새벽에 카톡을 주고받았을 때 온몸으로 기쁨을 느낀 상황을 떠올리면 위 말을 이해할 수 있습니다. 유쾌함이란, 신체의 일부분이 자극돼서 느끼는 쾌감이 아니라 모든 부분으로 느끼는 기쁨이라는 의미입니다. 은우 님이 계속 그 친구를 그리워하는 이유를 더 알아

볼까요?

같은 책 3부 정리 18을 보겠습니다.

> "인간은 현재의 이미지에 의해서만이 아니라
> 과거나 미래의 이미지에 의해서도 동일한 기쁨이나
> 슬픔의 정서에 의해 변용된다."

'과거의 이미지'라는 말이 잘 이해되나요? 좀 쉽게 말하면 과거에 보았던 사물을 다시 떠올린다고 생각하면 됩니다. 즉 은우 님이 예전에 친구와 카톡을 하면서 가장 큰 강도의 유쾌함을 느꼈다면, 그것을 떠올릴 때 다시 기쁨을 느낄 수 있습니다. 은우 님은 현재에 또 기쁨을 맛보고 싶기 때문에 친구에게 다시 연락하고 싶은 겁니다. 은우 님과 그 친구는 가장 행복한 시기를 함께 보냈습니다. 그러나 이제 은우 님은 다른 인간관계에서 행복을 느낄 수밖에 없는 상황입니다. 그 시절은 지나갔기 때문입니다.

1-9

미움 그 위에 질투

✒

**연수 님은 어린 시절에 자신과 달리 활발하고 끼도 많아 어른들의
사랑을 받고, 교우 관계도 원만한 언니를 질투했습니다. 연수 님은
언니에 대한 질투에 미움이 담긴 것 같아 죄책감을 느꼈고, 지금까
지도 언니와의 관계를 편안하게 느끼지 못했습니다.**

연수 님의 언니는 활발한 성격이었습니다. 발랄하고 끼도
많아서 언니가 재롱을 부리면 어른들이 행복해했습니다.
그에 비해 연수 님은 소심한 성격이었습니다. 그래서 언니
처럼 주목받지 못했습니다. 언니는 교우 관계도 원만했습
니다. 그래서 연수 님은 어린 시절에 언니를 참 많이 질투
했습니다. 언니를 질투하면서 죄책감을 느꼈습니다. 질투
라는 감정 안에 그 사람에 대한 미움이 있는 것 같았기 때
문입니다. 그래서 언니와의 관계가 편안하지 않았습니다.
연수 님은 인간관계를 끝나게 할 수 있는 무서운 감정이 질

투라고 생각했습니다.

스피노자에 따르면, 실제로 질투하는 사람 마음에는 미움이 있습니다. 다른 사람이 행복하면 그 자신은 슬픕니다. 이때 타인은 자신을 슬프게 하는 원인이 됩니다. 반대로 타인이 불행하면 기쁩니다. 이때는 타인이 자신에게 기쁨의 원인입니다. 그런데 한 번 생각해 보세요. 기쁨의 원인이 '타인의 불행'입니다. 그것이 진정한 기쁨이 될 수 있을까요? 잠깐 시원함을 느낄 수는 있지만 지속적인 행복을 주기는 어려울 겁니다. 그렇기에 타인의 불행에서 생기는 기쁨은 불완전합니다.

불완전한 기쁨만을 느낀다면 우리는 진정 지극한 행복에는 미치지 못합니다. 짧은 쾌감 같은 행복이 아니라 안정되고 평안하며 지속 가능한 기쁨을 누리는 것. 살아가면서 이 상태를 경험하는 것이 중요합니다. 왜냐하면 이를 통해 우리들의 역량이 증대하기 때문입니다. 그러나 질투에 사로잡혀 있으면 역량의 축소, 불완전한 쾌감, 미움 등을 경험할 뿐입니다. 그렇기에 우리는 질투를 다스리려고 노력해야 합니다.

질투는 외부 조건을 비교할 때도 생깁니다. 저 사람이 나보다 월급이 많은지, 외모가 더 뛰어난지, 더 비싼 아파트에 사는지 등등. 그러나 자신의 내부 원인에 의해서 행위할 때는 다릅니다. 이를테면 내부 원인으로 그림을 그리거나 공부하거나 작곡을 한다고 하면 타인과의 비교에 눈멀지 않을 겁니다. 그 행위를 할 때 가장 자신답다고 생각하고, 그 외의 것에 신경 쓸 여지가 많지 않기 때문입니다. 그렇기에 무엇보다 내부 원인의 필연성으로 행위하는 것이 중요합니다.

내부 원인으로 하는 행위야 다양할 테지만 그것을 찾으면 외부 조건을 비교하지 않을 가능성이 큽니다. 그 행위를 하면서 살아가면 충만과 만족이 있을 겁니다. 마음에 미움을 간직할 필요도 없습니다. 그렇기에 질투에 빠져 죄책감에 괴로워해 본 적 있다면 더욱더 내부 원인의 필연성으로 할 수 있는 일이 무엇일지 찾아봐야 합니다.

『에티카』 3부 정리 32는 다음과 같습니다.

> "만약 어떤 사람이 한 사람만이 소유할 수 있는
> 어떤 것을 즐긴다고 우리가 상상하면, 우리는
> 그가 그것을 소유하지 못하게 하려고 노력하게 될
> 것이다."

왜 그럴까요? 인간은 누구나 질투하는 마음을 갖고 있기 때문입니다. 그렇기에 질투했다고 죄책감을 느끼기보다는 질투를 어떻게 다스릴지 생각해 보는 게 좋습니다. 자신도 다른 이도 괴롭게 하지 않으려면 적극적으로 질투를 다스려야 합니다. 우선은 연수 님이 자신보다 활발한 언니의 성격에 대해 '질투할 만한 사실'이라고 생각하기보다는, '기질의 차이'일 뿐이라고 생각해 보는 건 어떨까요? 그다음에 연수 님 자신이 내부 원인에 의해 지속할 수 있는 행위가 무엇인지 찾아보는 겁니다. 그러면 질투의 감정에서 빠져나올 열쇠를 갖게 될 겁니다.

대화를 나누고 얼마 뒤, 연수 님은 언니에게 언니를 질투한 적 있다는 사실을 털어놓았다고 합니다. 그 마음을 계속 가지고 있다는 그 자체로 너무 큰 고통을 느꼈고, 언니를 보는 것만으로 죄책감에 휩싸였기 때문입니다. 얘기를 다 듣고 난 언니는 그렇게 생각할 필요 없다고 따뜻하게 말해 주었습니다. 오히려 꼼꼼하고 부모님과 사이가 좋은 동생이 부럽다고 했습니다. 그때 연수 님은 깨달았다고 합니다. "나만 남을 부러워하는 것은 아니구나!" 그러자 계속 자책하던 마음이 자신을 작아지게 만들었다는 사실도 알게 됐습니다.

연수 님은 말합니다. "남과 나를 비교하는 마음이 아예 없어질 수는 없다고 생각해요. 하지만 남과 나를 비교하는 마음은 스스로를 힘들게 하고, 이로 인해 앞으로 나아감에 한계가 생기지요. 그래서 나의 것에 조금 더 집중하고, 나에 대해 생각하고, 내가 해야 할 것이 무엇인지 생각하는 시간이 필요하다고 생각해요. 그러면 다른 사람과 나를 비교할 필요도 없어지고, 비교하지 않으면 모자라거나 잘못된 것도 없으니 스스로를 탓하는 일도 사라지겠지요? 온라인을 통해 다양한 정보를 접하게 되면서 남과 나를 비교하는 것이 참 쉬워진 이 시대에 정말로 나를 위한 결정은 무엇일지 생각해 볼 필요가 있는 것 같아요."

용기란 무엇일까?

🖋

경철 님은 고된 서울 생활에 많이 지쳤습니다. 매일같이 학교 도서
관에서 공부를 하고, 운동도 하고, 시간을 쪼개 아르바이트도 합니
다. 쉴 시간이 없습니다. 그러던 어느 날 경철 님은 서울 생활을 다
놓아 버리고 싶어 무작정 부모님이 계신 고향으로 내려가게 되었습
니다.

경철 님은 매일 바쁘게 지냅니다. 주위 사람들로부터 열심
히 살고 있다는 말을 듣고, 잘 살고 있다고 인정받고 싶어
서입니다. 학교 도서관에서 늦게까지 공부합니다. 운동조
차 하루도 거르지 않습니다. 주말에는 시간을 꽉 채워서 아
르바이트를 합니다. 숨 가쁩니다. 마음에서 좀 쉬고 싶다는
소리가 올라옵니다. 그래도 모른 척하고 자신을 생활 전선
으로 내몰고 맙니다. 내면을 돌볼 시간은 없습니다. '이게
아닌데' 생각하면서도 어쩔 수 없습니다. 서울 생활에 잘
적응하고 있다고 고향 부모님께 말하고 싶기 때문입니다.

얼마나 그렇게 지냈을까요? 경철 님은 이제 도저히 못 버티겠다는 생각이 들었습니다. 그래서 무작정 부모님 댁으로 갔습니다. 펑펑 울며 말했습니다. 이제 아무것도 못하겠다고. 세상이 무너지는 것 같았습니다. 그런 말을 하는 스스로를 받아들이고 싶지 않았기 때문입니다. 부모님은 네가 원하는 대로 해도 된다며 위로했습니다. 경철 님은 서울 생활을 진짜 다 놓아 버려도 되는 걸까 걱정됩니다.

사실 그토록 열심히 공부하고 운동하고 아르바이트 하면서 경철 님의 마음은 잠시도 편하지 않았을 겁니다. 꽉 짜인 일정을 소화하는 게 생활을 잘하는 거라고 스스로를 계속 설득하려고 했기 때문입니다. 또 그렇게 하는 게 부모님 앞에서 떳떳할 수 있는 길이라 생각했습니다. 그러나 경철 님은 '내면의 소리'를 외면했습니다. 그리고 어떤 시기에 자신의 생활을 한꺼번에 놓아 버립니다.

경철 님은 말합니다. "저는 완벽주의적인 성향이 강했습니다. 그래서 어느 순간 실패를 경험하니 새로운 도전에 대한 두려움이 커졌습니다. 내가 어떤 사람인지 모르고 무모하게 도전했던 것이 큰 상처가 됐던 순간도 많았습니다. 눈에 보이는 성과를 원했고, 저보다 잘난 친구가 있으면 부러워하기도 했습니다. 그런데 어느 때부터인가 어떤 것도 하기 어렵고 두려웠습니다. 스스로 벽을 만들고 늪에 빠진 것만 같았습니다. 작은 선택조차 마음의 부담이 될 정도로 제가 어떤 사람인지 잘 몰랐던 것 같습니다."

우리는 흔히 씩씩하게 무엇인가를 해 나가는 힘이 용기라고 생각합니다. 경철 님도 고향이 아닌 서울에서 빡빡한 일정을 다 소화해 내는 것이 잘 사는 거라고 판단한 듯합니다. 바쁘게 사는 자신의 모습을 다른 사람이 봐도 기특해 할 거라고 생각합니다. 자신이 씩씩하고 당당하게 생활하는 모습을 다른 사람이 알아 주고 인정해 주기를 바랍니다. 자기 혼자 힘으로 '어려워 보이는 일'을 다 해내는 모습이 멋진 것이라 여겼습니다.

그러나 스피노자에 따르면 용기는 오히려 편안하게 자신을 유지해 나가는 삶의 기술입니다. 경철 님의 경우에는 쉬고 싶다는 내면의 소리대로 생활의 리듬을 조절하는 게 바로 용기 있는 행동입니다. 또 마음이 벅차고 힘들다는 것을 주변 사람들에게 이야기하는 것도 용기입니다. 그러므로 경철 님이 고향에 내려가서 부모님에게 더 이상 버티지 못하겠다고 얘기한 행동이 오히려 용기 있는 행동입니다. 빡빡한 일정을 다 소화해 내는 것은 힘차고 씩씩해 보이지만, 경철 님에게는 사실 스스로를 억누르는 과정이었습니다. 경철 님과 같은 분들이 있다면 주변 사람들에게 벅차다는 사실을 이야기하고 꽉 짜인 스케줄을 느슨하게 조절해 보십시오.

경철 님은 서울에서의 생활을 놓아 버린 것을 염려합니다. 그러나 어떤 적당한 시기가 오면 복귀하면 되지 않을까요? 단 생활은 그전과 다르게 해야 합니다. 마음에서 올라오는 소리가 있으면, 어떤 것이든 그것을 수용하는 식으로요. 그래야 경철 님이 지속적으로 자신을 편안한 상태로 유지할 수 있을 테니 말입니다. 그리고 자신의 어려움을 부모님이나 주변 사람들에게 이야기해야 합니다. 마음속에 있는 기쁨이나 슬픔 등을 털어놓을 때 우리는 편안한 상태에 이릅니다.

『에티카』 3부 정리 59 주석을 보면 다음과 같은 말이 있습니다.

> "〔…〕 나는 굳건함을, 각자가 오직 이성의 인도에 따라 자신의 존재를 보존하려고 노력하는 욕망으로 이해하기 때문이다. 〔…〕"

굳건함이란 자기 자신을 보존하고자 하는 욕망입니다. 굳건한 사람은 어떤 상황에 대해 이성적으로 판단하며 자신을 보존하려고 합니다. 그래서 자신의 힘듦을 주변에 말하고, '내면의 소리'를 들을 수 있을 정도로 느슨하게 생활하는 게 좋습니다. 그리고 자신에 대해 자세하게 탐구하는 시간도 필요합니다. 그래야 현 상황을 알 수 있고, 그에 대해 다른 사람들과 이야기 나눌 수 있습니다. 그 과정을 거치고 나면 또 한 걸음 나아갈 수 있고, 새로운 것에 도전하고 싶은 마음도 생깁니다. 그렇기 때문에 자신을 알아 가는 시간도 꼭 필요합니다. 앞으로 경철 님이 자신을 자세하게 관찰하고, 거기에서 나온 사실을 다른 사람들과 잘 소통하며 굳건하게 생활해 나가길 기원합니다.

감정, 우리가 마주한 현실

기쁨이나 슬픔을 느낀다는 것은 우리가 처한 현실을 마주하는 겁니다. 감정을 겪지 않고 살아가는 사람은 없습니다. 어떤 사람은 때로 자신의 업무보다 상사에 대한 '미움'이 자기 삶에서 더 큰 비중을 차지한다고 느낍니다. 또 어떤 사람은 일보다 사랑하는 사람이 눈앞에 더 크게 확대돼 보인다고도 합니다. 이럴 때 우리에게는 다른 무엇보다 감정이 더 현실적인 것이 되고, 그 감정을 현실로 느끼며 살아갑니다. 이런 이유 때문에 감정에 대해서 알 필요가 있습니다.

　　기쁨을 느낄 때 우리의 신체적 능력은 커집니다. 이에 반해 슬픔을 느낄 때 우리의 신체적 능력은 줄어듭니다.

이렇듯 감정은 몸으로 먼저 옵니다. 그래서 자기 몸을 잘 살펴볼 때 자기 감정에 대해 더 잘 파악할 수 있습니다. 뛰어오를 듯 기쁜지, 땅속으로 꺼질 듯 힘이 빠지는지 잘 관찰해 보면 자신의 상태를 알 수 있습니다. 내 몸이 충만할 때 정신의 능력도 커지고, 상황에 대해서도 잘 인식할 수 있습니다. 반대로 내가 우울하면 사건에 대한 인식력도 약해집니다.

스피노자는 우리의 감정은 도형의 점, 선, 면을 파악하듯 정확하게 알 수 있는 것이라 합니다. 이게 무슨 말일까요? 감정의 원인을 정확하게 분석해 낼 수 있다는 뜻입니다. 우리가 감정을 명확하게 안다고 해 봅시다. 그러면 우리 눈앞의 상황을 정확하게 파악할 수 있습니다. 자신이 발 디딘 현재의 위치를 잘 안다는 얘기이지요. 그래서 청년들이 느끼는 다양한 감정에 주목하고 그들의 기쁨과 슬픔, 분노, 우울함 등 다양한 '감정 경험' 장면들을 제시하려고 했습니다. 그들이 자신의 현실에 어떻게 대응하고 있는지 보고 싶었기 때문이었습니다.

청년, 즉 여성과 남성을 모두 포함한 이십 대나 삼십 대들이 살아가는 모습을 보면서, 누구든 자신의 사랑이 유지된다고 생각할 때 기쁨을, 자신의 사랑이 파괴된다고 생각할 때 슬픔을 느낀다는 것을 알았습니다. 그런데 슬픔이 멈추지 않고 지속된다면 어떨까요? 일어나지도 않은 미래에 대한 상상으로 두려움과 불안함도 함께 느끼게 되지 않을까요? 그래서 우리는 한 청년의 사례를 통해서 불안함과 두려움에 대해서 알아봤고, 확신을 가질 때 불안함을 극복할 수 있다는 사실을 깨달았습니다.

또 다른 청년의 사례를 통해서는 권태에 대해 살펴봤습니다. 연인과의 만남 초기에는 기쁨을 자주 느끼지만 그것의 유효기간이 끝나면 권태를 느낍니다. 이때 자신의 생각과 감정을 정확하게 알고 그것을 상대방에게 솔직하게 표현하면서 투명하게 소통하면 권태를 극복할 수 있음을 배웠습니다.

청년들과 만나 이야기를 하다 보면 가족관계 때문에 어려움을 호소하는 경우를 종종 만나게 됩니다. 화목한 가정을 꿈꾼다는 말을 우리는 합니다. 가정의 화목은 꿈으로 꾸어야 할 만큼 이루기 어려워서 그렇게 말하는 것은 아닐까요? 한 청년의 사례를 통해 가족 간 오해가 왜 생기는지 살펴봤고, 소통의 중요성을 생각했습니다. 가족 구성원 중에서 분노의 대상이 발생하는 모습도 보았습니다. 이를 통해 가족 구성원 중 자신에게 슬픔을 주는 사람이 있다면, 그 사람을 미워하는 자신의 감정이 과연 합당한지 돌아봐야 한다는 사실을 배웠습니다.

살다 보면 우리는 누군가를 미워하기도 하고 질투하기도 합니다. 그런데 그 원인을 제대로 알지 못하고 그 감정이 지속되었을 때, 나중에는 질투가 대상에 대한 미움으로까지 가는 경우도 살펴봤습니다. 우리가 누군가를 미워할 때 그럴 만한 충분한 원인이 과연 그 사람에게 있는지 돌이켜 봐야 했습니다. 또 다른 친구의 사례를 통해 질투를 느낀 것에 죄책감을 느끼기보다는 그것을 적극적으로 잘 다스려야 한다는 사실도 알았습니다. 어떤가요? 인간의 감정은 참으로 다양하지요?

스피노자는 인간의 정서를 크게 세 가지로 봤습니다. 기쁨, 슬픔 그리고 욕망입니다. 기쁨은 쾌감과 유쾌함으로 나누었고, 슬픔은 고통과 우울로 나누었습니다. 인간 신체의 일부분이 다른 부분보다 자극을 많이 받을 때의 기쁨을 쾌감이라 하고, 그럴 때의 슬픔을 고통이라 했습니다. 반면 인간 신체의 모든 부분이 자극을 받을 때의 기쁨을 유쾌함이라 했고, 그럴 때의 슬픔을 우울이라 했습니다.

눈이 즐겁고, 입이 즐겁고, 귀가 즐거운 감각의 기쁨은 쾌감이어서 만족이 되면 더 자극적인 감각을 원하기에 멈추기가 힘들어집니다. 청년들에게도 친구는 중요한 외부 요인 중 하나입니다. 우리는 한 청년의 사례를 통해서 친구와 함께했던 시절의 기쁨에도 유효기간이 있음을 알게 됐습니다. 친구와 만나는 짜릿함도 일종의 쾌감입니다. 쾌감의 기쁨은 과하면 중독이 될 가능성이 있습니다. 그래서 사례자 청년은 친구와 헤어질 시기가 와도 이별이 어려웠던 겁니다.

고통도 몸의 일부분을 자극받는 감정이므로 이것을 이겨 내면 기쁨으로 갈 수 있음을 또 다른 친구의 사례를 통해 알 수 있었습니다. 사례자는 수강을 꺼리던 과목을 어쩔 수 없이 듣게 됐는데, 자신의 노력으로 좋은 결과를 냈습니다. 스스로의 힘으로 어려운 상황을 극복했던 겁니다.

스피노자는 왜 기쁨, 슬픔 이외에 '욕망'을 인간의 기본 정서라고 했을까요? 욕망은 우리가 살아갈 수 있도록 지속하는 가장 기본적인 힘입니다. 감정 또한 우리가 잘 살아가느냐 아니냐를 나타내는 벡터입니다. 그렇기 때문에 결국 욕망과 감정 둘 다 우리가 어떻게 살아가고 있는지를 나타낸다고 할 수 있습니다. 이런 측면에서 스피노자가 우리를 계속 살게 하는 기본적인 힘인 욕망을 정서의 범주에 포함시킨 게 아닐까 생각합니다.

어떤 감정을 느껴서 우리 욕망의 힘이 증대한다면 이는 우리가 잘 살아갈 수 있다는 뜻입니다. 어떤 감정으로 인해 우리 욕망의 힘이 약해지면 이는 잘 살아가기 어렵게 된다는 의미입니다. 결국 인간이 욕망을 갖고 있고 감정을 느낀다는 것은 현실을 잘 살아갈 수 있는지 아닌지와 관련이 있습니다. 그래서 청년들의 다양한 감정에 주목했고, 그들의 다양한 감정 스펙트럼을 보여 주려고 했던 겁니다.

스피노자에게서 배우는 '감정 분별법'

2-1

표정 관리하느라 참지 말기

진형 님은 자신에 대한 다른 사람의 평가를 늘 신경 쓰는 것이 고민입니다. 한 번은 함께 일하던 형님에게 민폐를 끼치고 싶지 않아 화장실에 가기를 참느라 진땀을 뺐습니다. 형님과 함께 트럭에 실린 물건을 다 내리고 나서야 화장실에 가겠다고 말할 수 있었습니다.

진형 님은 일하던 중 갑자기 화장실에 가고 싶었습니다. 그런데 트럭에 실려 있던 물건을 다 내릴 때까지 파트너 형님과 함께 일해야 했습니다. 진형 님이 화장실에 가면 형님 혼자서 물건을 내려야 합니다. 진형 님은 그것이 민폐라고 생각했습니다. 그래서 꼭 참았습니다. 그런데 점점 더 화장실에 가고 싶었습니다. "무슨 일 있어?" 파트너 형님이 진형 님을 보고 물었습니다. "아, 아니에요." 진형 님은 얼버무렸습니다.

그런데 점점 표정 관리가 안 됐습니다. 참느라 진땀

을 뺐습니다. 마침내 트럭에 있는 물건을 다 내렸습니다. 진형 님은 형님에게 화장실에 다녀오겠다고 한 뒤 부리나케 뛰었습니다. "그래서 아까부터 표정이 안 좋았구나. 진작 말하지. 화장실 갔다 오는 거 상관없는데." 한숨 돌리는 진형 님을 보며 형님이 말했습니다. "물건 내리는 중에 빠지면 죄송해서요." 진형 님은 대답했습니다. 진형 님은 다른 사람이 자기를 안 좋게 보거나 싫어하면 어쩌나 늘 신경이 쓰여 고민입니다.

진형 님은 왜 화장실에 다녀오겠다고 말하지 않았을까요? 같이 일하는 동료에게 민폐를 끼칠까 봐 그랬던 것이지요. 그런데 실제로 폐를 많이 끼친 것은 아니지 않나요? 동료는 오히려 갔다 와도 된다고 말했습니다. 이는 실제로 동료에게 폐가 많이 되지 않는다는 뜻으로 받아들여도 될 것 같습니다. 그렇다면 진형 님은 혼자만의 생각으로 불편함을 참은 셈이 됩니다. 진형 님은 여태껏 다른 사람의 평가를 의식하고 눈치를 보며 지냈다고 합니다. '다른 사람이 싫어하면 어떻게 하지? 불편해하면 어쩌지?' 이런 생각이 진형 님의 행동에 영향을 줬습니다.

진형 님이 남의 평가를 의식하고 행동했던 것은, 자신이 다른 사람을 불편하게 하면 그에 따라 자기도 불편해지기 때문입니다. 또 좋은 사람이라는 말을 듣고 싶은 마음도 있습니다. 불편한 마음도 느끼지 않고, 다른 사람으로부터 좋은 사람이라는 말을 들으면 어떨까요? 당연히 자신이 괜찮은 사람인 것 같다고 느끼지 않을까요?

그런데 문제는 '좋은 사람'이 되는 기준이 어디에 있느냐 하는 겁니다. 이 기준은 당연히 다른 사람에게 있습니다. 그래서 진형 님의 행동이 다른 사람의 눈에 맞춰져 이뤄진 겁니다. 진형 님은 다른 사람이 좋아하거나 기뻐하는 것을 행했다고 생각하면 기뻐지는 반면, 다른 사람이 싫어할 만한 행동을 했다고 생각하면 의기소침해질 수 있습니다. 진형 님의 기분이 외부의 상황과 원인에 의해 좌우되는 겁니다.

진형 님은 말합니다. "저는 스스로가 더 나은 사람처럼 보이길 바라는 마음에서, 제가 느꼈던 솔직한 감정과 생각보다는 '이렇게 생각하고 느껴야 성숙해 보이겠지' 혹은 '이렇게 행동해야 친구가 납득이 가겠지' 하며 행동하고 있었습니다. 이런 '하는 척' 행동이 타인에게 잘 보이려 저의 안 좋은 모습을 감추는 행동이라 생각했는데 오히려 저를 속이는 것이었습니다."

화장실에 가고 싶은데도 가고 싶지 않은 것처럼 보이려는 것. 친구들 앞에서 자기주장을 강하게 말하려고 하지 않는 것. 타인의 제안을 거절하지 못하는 것. 이런 것들은 모두 남에게 나쁜 사람으로 보이고 싶지 않은 마음에서 행해집니다. 타인에게 좋은 평판을 듣고 싶은 마음에 이런 행동의 원인이 있습니다. 따져 보면 이는 명예욕에 해당합니다.

『에티카』 3부 정리 29 주석은 다음과 같습니다.

> "오직 사람들에게 기쁨을 준다는 이유로 어떤 것을 하거나 하지 않으려는 노력(코나투스)은 암비치오라 불린다. 〔…〕"

사람들이 좋다고 생각하는 것을 행하려 하고, 바람직하지 않다고 판단하는 것은 하지 않으려는 것을 '암비치오', 익숙한 말로는 명예욕이라 합니다. 사람들의 마음에 드는 대로만 하면 당연히 평판이 좋아지고 인기도 얻을 수 있습니다. 그렇기에 자기의 명예를 높이는 겁니다.

그런데 살다 보면 실수를 할 때도, 그래서 기분 나쁜 말을 들을 수도 있습니다. 이런 불편한 상황을 그대로 겪을 수밖에 없을 때도 옳니다. 하지만 이를 지나치게 두려워할 필요는 없습니다. 평판이 언제나 좋을 수만은 없습니다.

진형 님은 늘 다른 사람의 기준에 자신을 맞추려 하다 보니 스트레스가 많을 겁니다. 타인의 시선을 너무 의식하다 보면 자기 마음의 소리에 맞게 행동하는 힘이 약해질지도 모릅니다. 이제부터는 타인을 너무 의식하지 말고, 자신의 속도와 리듬에 맞게 행동해 보면 어떨까요? 그럴 때 오히려 자존감이 높아지지 않을까요? 좋은 사람으로 보이고자 하는 그 마음을 내려놓는다면 진형 님은 좀 더 자연스럽고 편안하게 행동할 수 있을 겁니다.

헤어지면 쫑

은철 님은 2년 만난 여자친구와 헤어지고 나서 잠시 동안은 애인도
친구도 아닌 애매한 관계로 지냈지만, 그런 관계가 독이 될 것 같아
관계를 끊었습니다. 그런데 친구들로부터 그녀가 안 좋은 선택만
한다는 소식을 듣고 죄책감을 느낍니다.

은철 님은 얼마 전 2년 동안 교제하던 여자친구와 헤어졌
습니다. 이별을 받아들이기 힘들었던 걸까요? 두세 달 동
안 은철 님은 그녀와 애인도 친구도 아닌 애매한 사이로 지
냈습니다. 하지만 이런 관계가 안 좋을 것 같아서 은철 님
은 그녀를 피했습니다. 관계를 끊어 낸 겁니다. 그녀도 이
별의 상처가 큰 것 같았습니다. 그렇지만 은철 님은 그녀의
삶에 관여하지 않기로 했습니다.

　　헤어지고 나서 그녀는 은철 님에게 두어 번 정도 연
락해 왔습니다. 대화를 나누고 나서 은철 님은 '그녀의 심

리 상태가 너무 불안정해'라고 생각했습니다. 그 후 연락이 끊겼습니다. 얼마 뒤 아는 친구로부터 그녀의 소식을 전해 들었습니다. 은철 님이 생각하기에 그녀는 안 좋은 선택만 했습니다. 그녀가 무너지는 것 같았습니다. '내가 조금만 도와줬다면…', '내가 너무 가혹했나?', '내가 그러지 않았다면 이런 상황이 오지 않았을 텐데…' 은철님은 밀려오는 죄책감을 어떻게 할 수 없어서 고민입니다.

만약 그녀가 잘 산다는 소식을 듣는다면 은철 님의 마음은 지금처럼 무겁지는 않을 겁니다. 그런데 그녀가 힘들어하는 것 같습니다. 이것이 은철 님을 괴롭게, 또 후회하도록 만듭니다. 은철 님은 그녀가 잘 살아가길 바랐습니다. 그러나 그녀는 행복하지 않은 것 같습니다. 이별하고 난 뒤 그녀가 어려움을 겪을 때 도움을 줬으면 좋았을 거라고 생각합니다. 그러나 이제는 시간이 지나 버려서 도움을 줄 수도 없습니다. 그녀가 안 좋게 되더라도 은철 님은 더 이상 할 수 있는 게 없습니다. 그녀가 행복하게 지냈다면 은철 님은 그녀를 떠올리면서 종종 기쁨을 느꼈을지 모릅니다.

은철 님은 마음의 괴로움을 어떻게 하면 좋을까요? 우선 그녀가 이별 후에 잘 살지 못하더라도 그게 은철 님 탓은 아니라고 생각을 바꿔 보면 어떨까요? 또 이별 후 그녀가 잘 살았으면 좋겠다는 생각도 내려놓는 게 좋겠습니다. 은철 님이 슬픈 이유는, 그녀의 행복을 기대했는데 그와는 다른 일이 일어났기 때문입니다. 그러니 그 기대를 제거해 보는 겁니다.

또 은철 님은 이별하고 나서도 '내가 가혹했나'라고 생각하며 슬퍼합니다. 은철 님 입장에서 슬픔의 원인 제공자는 바로 그녀입니다. 그녀는 사실 아무런 행위도 하지 않는데 은철 님 스스로 그녀를 안 좋은 사람으로 만든 겁니다. 이를 피하려면 은철 님이 슬퍼하지 말아야 하고, 그녀가 행복하길 바라지도 않아야 합니다. 그녀의 삶은 그녀의 행위에 의해서 이뤄진다는 사실을 명확하게 아는 것이 무엇보다 중요합니다. 물론 감정이란 게 선을 긋듯 명확하게 정리되지는 않습니다. 그렇더라도 은철 님 자신과 그녀를 위해서 후회나 기대를 내려놓을 필요가 있습니다.

후회하지 않기, 기대하지 않기, 있는 그대로 보기. 이런 실천은 사실 참 어렵습니다. 그러나 이를 해내면 은철 님도 좋고, 그녀도 슬픔의 원인 제공자가 되지 않으니 좋습니다.

『에티카』3부 정리 28은 다음과 같습니다.

| "우리는 기쁨으로 이끈다고 우리가 상상하는 모든

것이 좀 더 잘 일어나도록 하기 위해 노력한다.
그리고 우리는 이와 대립한다고, 곧 슬픔으로
이끈다고 우리가 상상하는 모든 것을 멀리하거나
파괴하기 위해 노력한다."

위 말은 어떤 뜻일까요? 인간은 누구나 자신에게 기쁨을 주는 것은 실현하려고 하고, 슬픔을 주는 것은 멀리하려 한다는 말입니다. 이는 '자기 보존'을 위해서 자연스럽게 이뤄지는 행위로 볼 수 있습니다.

죄책감을 가지는 것은 스스로를 슬프게 만드는 겁니다. 그렇기에 은철 님은 시간이 지날수록 그녀와 관련된 죄책감을 제거해 나가려고 할 겁니다. 누가 시켜서 그런 게 아니라 '자기 보존'을 위해, 즉 살아가기 위해 은철 님이 의식하지 못하는 사이에도 노력이 이어질 겁니다. 동시에 자신에게 기쁨을 주는 것도 찾아서 하나씩 실현하려고 할 겁니다. 이런 일은 앞으로 자연스럽게 이루어질 테니 너무 자책하지 않고 살아가면 좋겠습니다.

함께 이야기를 나누고 몇 주 후, 다행히도 은철 님은 다음과 같은 메시지를 보내왔습니다. "이미 지나간 과거는 바꿀 수 없지만, 과거를 보는 시선을 바꿀 수 있다는 것을 깨달았습니다. 이를 알기 전에는 죄책감, 후회의 고통만 기억하며 그것을 현재까지 가져와 힘들어하곤 했습니다. 그러나 지금은 그 고통을 견디며 성장한 저의 모습을 볼 수 있게 되었습니다. 보다 긍정적인 시선으로 상황을 바라볼 수 있게 된 것 같아 감사합니다."

2-3

술이 해결해 준다고?

✒️

나연 님은 자신의 힘든 부분을 누군가에게 털어놓으면 그 사람에게 부담이 될까 봐 이야기하지 않는 편입니다. 그런데 소중하다고 생각했던 사람들이 독한 말을 쏟아 내며 떠나갔다고 합니다. 나연 님은 스스로를 바쁘게 만들어 그런 상황을 극복해 보려 했지만, 어느 날부터 술 없이는 잘 수 없게 되었습니다.

"피곤해 보여."

"무슨 일 있어?"

"나사 하나 빼고 사는 것 같아."

　　나연 님은 아무 일도 없고 괜찮게 지내는 자신에게 쏟아지는 주변의 관심을 이해할 수 없었습니다. 나의 힘듦을 누군가에게 털어놓으면, 그 누군가에게는 짐이 될 수도 있겠다는 생각에 나연 님은 서운하고 힘든 것이 있어도 이야기하지 않았습니다. 결국 소중하다고 생각했던 친구들은 독한 말을 쏟아 내며 떠나갔다고 합니다. 나연 님은 무엇이 잘못됐는지 알 수 없었기에 무엇을 해야 하는지도 몰랐습니다. 꾹꾹 참아 왔던 감정은 터져 버렸고 앞으로 아무것도 할 수 없을 것만 같은 두려움까지 찾아왔다고 합니다. 나연 님이 선택한 해결 방법은 스스로를 끝없이 바쁘게 만드는 것이었습니다. 학교, 수영, 멘토링, 아르바이트…. 쳇바퀴 같은 일상의 연속이었죠. 그러한 자신이 너무 멋있고 행복했다고 합니다. 그런데 집에만 오면 왠지 모르게 공허했습니다. 어느 날부터인가 술 없이는 잘 수 없었다고 합니다.

나연 님이 술 없이 잠들 수 없게 된 원인은 무엇이었을까요? 음주욕에 대해 스피노자는 "술에 대한 지나친 욕망이나 사랑이다"라고 했습니다.

『에티카』 3부 「정서들에 대한 정의」 31과 해명을 함께 보겠습니다.

> "부끄러움은 다른 사람들이 비난한다고 우리가 상상하는 우리의 어떤 행동에 대한 관념을 수반하는 슬픔이다."

> "〔…〕 수치심은 불명예스러운 어떤 일을 하지 못하도록 막는 부끄러움에 대한 두려움 또는 겁냄이다. 〔…〕"

나연 님의 행동은 친구들을 위한 일이었지만, 친구들은 독한 말로 비난하며 떠나가고 말았습니다. 이것은 나연 님에겐 큰 슬픔이었습니다. 친구들이 지금도 어디선가 자신을 비난하고 있다는 생각은 결국 나연 님에게 수치심을 주었고, 바쁜 일상과 술로써 모든 걸 잊고 싶었습니다.

　　그 뒤 나연 님은 처음으로 어머니께 울면서 슬픔을 다 쏟아냈다고 합니다. 항상 행복하고 기쁜 이야기만 들었던 부모님도 충격이 컸을 겁니다. 그래서 매주 부산에서 서울까지 올라와 보살펴 주셨습니다. 어머니와의 진솔한 이야기, 아버지와의 등산을 통해 나연 님은 소중한 경험을 하나하나 쌓아 가기 시작했습니다. 그러면서 무엇에 집중해야 하는지, 무엇을 위해 살아야 하는지 스스로 계속 되뇌게 되었다고 합니다.

　　나연 님은 말합니다. "슬픔을 두려워하고, 고통을 두려워하면 유쾌함은 없는 것 같아요. 그래서 텅텅 빈 기쁨만이 되고요. 제가 생각하는 인간의 감정은 모두 하나로 연결된 듯 보이지만 우울과 쾌감, 고통과 유쾌함이 서로 엇갈린 모습이에요. 섞으려 해도 섞이지 않는 엇갈린 굴레처럼요." 나연 님은 이제 깨달았을 겁니다. 힘들다고 말하거나 도와 달라고 손을 내미는 것은 부끄러운 일도 수치스러운 일도 아니라는 것을요.

스피노자는 『에티카』 3부 정리 9에서 다음과 같이
말합니다.

> "정신은 명석하고 판명한 관념들만이 아니라
> 혼란스러운 관념들을 갖는 한에서도 자신의 존재
> 안에서 어떤 무한정한 지속 동안 존속하려고
> 노력하며, 이러한 자신의 노력을 의식한다."

인간의 정신은 적합하게 생각할 때 능동적이고, 부
적합하게 생각할 때 수동적입니다. 그런데 능동이든 수동
이든 인간의 정신은 노력을 하고, 또 그 노력을 의식합니
다. 나연 님이 힘듦을 친구들에게 이야기하지 않은 것이나
끝없이 자신을 바쁘게 만들고자 했던 노력이 적합하다고
생각했기에 그것을 지속하려고 했던 것으로 이해할 수 있
습니다.

스피노자는 같은 정리 주석에서 이렇게 말합니다.

> "우리는 어떤 것이 좋다고 판단하기 때문에 그것을
> 추구하려고 노력하고 의지하고 원하고 욕망하는
> 것이 아니며, 반대로 만약 우리가 어떤 것이 좋다고
> 판단한다면, 이는 우리가 그것을 추구하려고

노력하고 의지하고 원하고 욕망하기 때문이다."

다시 정리하자면 내가 옳다고 믿어서 행동하는 것이 아니라 행동했기 때문에 내가 옳다고 판단한다는 말입니다. 쉽게 예를 들면 내가 열심히 발품 팔고 구매한 물건을 소중하게 생각하고 긍정하게 되는 것과 같습니다. 나연 님은 본인이 옳다고 판단하고 믿었기 때문에 자신의 힘듦을 숨긴 것이 아니라 힘듦을 말하지 않았기 때문에 자신의 생각과 행동이 옳다고 판단했던 겁니다.

나연 님은 말합니다. "힘든 일이 있어도 이겨 낼 원동력이 되는, '자기 안의 노력'을 인식하면, 감정이 휘몰아칠 때도 제자리를 찾아갈 수 있고 힘이 생기는 것 같아요. 힘을 기르기 위해 노력하는 중입니다." 힘들다는 것은 그만큼의 힘이 생기고 있다는 방증입니다. 기쁨으로 가는 나연 님의 인생 여행을 두 손 모아 응원합니다.

세상이 날 가만히 놔두지 않아

창민 님은 스무 살 때 독립을 해 생활비를 버느라, '스펙'을 쌓고 여
행을 다니는 '평범한 이십 대'의 삶을 살아 본 적이 없습니다. 주변
사람들은 그런 창민 님이 적극적으로 노력하지 않았다고 생각합니
다. 창민 님은 누구에게도 이해받지 못하고 누구와도 가까워질 수
없을까 봐 두렵습니다.

또래 친구들의 이야기에 공감할 수 없는 것이 고민인 창민
님은 '평범한' 친구들과는 다른 삶을 살고 있습니다. 창민
님은 스무 살 때부터 독립해 혼자 생활해야 했고, 생활비를
버느라 대학 동아리 활동이나 대외활동은 물론이고 여행을
가 본 적도 없다고 합니다. 집안 형편이 어려워서 스스로
경제활동을 해야 했기 때문입니다.

창민 님이 제대로 놀아 본 적이 없다는 것을 알게
되면 사람들은 창민 님의 성격이 이상하지 않은지 의심했
다고 합니다. 고학년이 되었는데도 인턴이나 대외 활동을

못 했다는 것을 알면 적극적으로 노력하지 않는다고 비난했습니다. 창민 님은 해명하고 싶었지만 그렇게 하려면 과거의 일까지 설명해야 했기에 침묵할 수밖에 없었다고 합니다. 이런 몰이해로 창민 님은 어느 누구와도 가까워질 수 없고 미래에는 결국 혼자가 될까 두려워합니다. 창민 님은 '누군가 내 과거를 알면 나를 얼마나 나쁘게 볼까? 단순히 평범한 이십 대의 일을 하지 못했다는 것만으로도 이렇게 비난을 하는데…' 하는 생각 때문에 괴롭고, 사람들의 몰이해가 원망스럽다고 합니다.

세상은 우리에게 스펙을 요구합니다. 동아리를 포함한 다양한 대외 활동과 자격증, 인턴 경력 등입니다. 창민 님은 자신만 세상과 동떨어진 것 같은 느낌과 함께, 자신의 잘못이 아님에도 비난을 받아야 하는 상황 때문에 많이 힘들었을 겁니다. 다른 사람과 자신을 비교하다 보면, 끊임없이 자신의 단점을 발견하게 되어 자존감도 계속 떨어집니다. 창민 님이 SNS를 보면서 남들은 다 잘났는데 스스로 못났다고 느끼기도 하는 것도 마찬가지입니다. 사실 사람들이 SNS에 올리는 모습은 대부분 자신의 가장 멋진 모습입니다. 이 사실을 알면서도 창민 님의 자존감은 계속 떨어졌습니다. 그렇다면 과연 창민 님은 어떻게 해야 사람들의 비난으로부터 자유로워질 수 있을까요?

스피노자는 『에티카』 3부 정리 40에서 다음과 같이 말합니다.

> "자신이 누군가에게 미움을 받고 있다고
> 상상하지만 그 자신은 그에게 미움을 받을 만한
> 일을 한 적이 없다고 믿는 사람은 역으로 그를
> 미워하게 될 것이다."

창민 님은 주변 사람들로부터 비난을 받았다고 생각합니다. 더욱이 비난받을 그 어떠한 원인도 주지 않았기에 오히려 그러한 사람들을 미워하게 됩니다. 창민 님은 자신의 환경에서 최선을 다했습니다. 그럼에도 창민 님은 세상으로부터 '성격이 이상한 사람', '노력하지도 않은 사람'이라는 비난을 받아야 했습니다. 이것이 창민 님이 가진 두려움의 원인입니다. 우리는 이 원인을 잘 살펴봐야 합니다. 세상으로부터 비난받을 만한 원인을 창민 님이 제공하지 않았음에도 느껴야 했던 두려움의 원인은 외부에 있습니다. 본인은 열심히 잘 살고 있는데 세상이 그렇게 바라봐주지 않았던 겁니다.

같은 책 3부 정리 13 주석에서 스피노자는 말합니다.

> "[…] 미움은 외부 원인에 대한 관념을 수반하는
> 슬픔과 다른 어떤 것이 아니다. […]"

미움은 내부 원인이 아닌 외부 원인에서 비롯한다는 의미입니다. 자신이 아닌 다른 사람들이 자신을 비난해서 슬픔을 느끼는 겁니다. 창민 님이 두려움을 느끼는 이유는 앞으로 만날 사람들도 자신을 노력하지 않는 사람으로 볼 것 같기 때문입니다. 이는 두려움을 본인 스스로 확대해석한 겁니다. 창민 님이 또래 친구들의 이야기에 공감을 못 하게 된 이유를 우리는 이제 어느 정도 이해할 수 있습니다.

3부 정리 16도 함께 보도록 하겠습니다.

> "어떤 실재가 보통 정신을 기쁨이나 슬픔으로
> 변용하는 대상과 유사하다고 우리가 상상한다는
> 사실 하나만으로, 그리고 비록 이 실재가 대상과
> 유사하다는 사실이 이 정서들의 작용인이 아니라
> 할지라도, 우리는 이 실재를 사랑하거나 미워하게
> 될 것이다."

간단히 말하면 이렇습니다. 창민 님에게 두려움을

준 사람들과 유사한 점이 조금이라도 보이는 사람을 만나면 창민 님은 똑같이 두려움을 느낀다는 겁니다. 두려움의 직접적 원인이 아님에도 그렇습니다. 자신에게 상처를 준 그 누군가와 외모나 목소리가 비슷한 사람만 봐도 창민 님은 상처를 다시 떠올리게 됩니다. 창민 님을 직접 비난하지 않았는데도 비슷한 외모를 가졌다는 이유로, 그는 창민 님의 슬픔의 원인이 될 수 있습니다.

창민 님은 말합니다. "며칠 동안 고민해 본 끝에 소중한 인연을 지키기 위해서는 지금 제가 가진 감정을 친구에게 솔직하게 털어놓는 것이 가장 최선의 방법이라고 생각했습니다. 마침 만나기로 약속했던 친구와 함께 있는 동안 이런저런 얘기를 나누다가, 집에 같이 걸어가는 길에 정말 어려웠지만 솔직하게 감정을 털어놓았습니다. 걱정과는 달리 그 친구는 자신이 경솔했다며 진심 어린 사과를 했습니다. 그러고 나니 너무나도 후련하고 마음이 가벼워졌습니다."

함께 있는 것만으로도 우리에게 기쁨을 주는 사람이 있습니다. 그 사람과 만나기로 약속하면서부터 우리는 기쁨으로 자극을 받게 됩니다. 하여, 창민 님은 앞으로 자신에게 기쁨을 주는 사람을 자주 만나고, 기쁨의 원인도 정확하게 알아 두면 어떨까요? 또한 이십 대 때부터 생활 전선에 뛰어든 고단한 삶이 창민 님만의 소중한 자산이 될 수 있음을 꼭! 알려 드리고 싶습니다.

2-5

어두운 골목이 무서운 이유

✐

미선 님은 어렸을 때부터 어두운 골목, 인적이 드문 폐허처럼 위험
하다고 생각되는 공간에서는 불안과 두려움을 느낍니다. 아무도 없
다는 사실을 확인해도 매한가지입니다. 미선 님이 두려워하는 대상
은 실체가 없는 유령이나 귀신이기 때문입니다.

미선 님은 어렸을 적, 한밤중에 화장실 가는 것을 꺼리던
경험이 있었습니다. 화장실에 가려면 거실을 거쳐 가야 했
는데 가구의 윤곽만 드러나는 깜깜한 거실은 미선 님에게
미지의 두려움을 일으켰다고 합니다. 성인이 된 지금도 다
르지 않아서 어두운 골목이나 인적이 드문 폐허처럼 위험
하다고 생각되는 공간에서는 두려움과 불안함이 생긴다고
합니다. 아무도 없다는 사실을 확인해도 두려움과 불안함
은 여전한데 그것은 두려움의 대상이 인간이 아니라 유령
이나 귀신 등이기 때문입니다. 유령은 실체가 없음에도 불

구하고 미선 님에게 두려움과 불안함을 불러일으킵니다. 그렇다면 미선 님의 두려움과 불안함은 왜 일어났고 또 아직도 사라지지 않는 걸까요?

스피노자는 『에티카』 3부 정리 18에서 말합니다.

> "인간은 현재의 이미지에 의해서만이 아니라 과거나 미래의 이미지에 의해서도 동일한 기쁨이나 슬픔의 정서에 의해 변용된다."

위 말은 어떤 의미일까요? 예를 들어 어떤 사람이 과거에 애지중지하던 액자를 그만 떨어트려 깨뜨리는 바람에 슬픔을 느꼈다고 해 볼까요? 그러면 현재에도 액자를 떠올리면 슬픕니다. 과거에 슬픔을 준 것을 현재에 떠올려도 똑같이 슬프다는 의미입니다. 미선 님이 어렸을 때 본, 가구의 윤곽만 드러나는 깜깜한 거실이라는 사물의 이미지는 과거의 슬픔이었지만 현재에도 동일한 슬픔을 줍니다.

스피노자는 또한 『에티카』 2부 정리 17 따름정리에서 이렇게 말합니다.

> "인간 신체를 한 차례 변용했던 외부 물체들이 더 이상 실존하지 않거나 현존하지 않더라도, 정신은

마치 그것들이 현존하는 것처럼 바라보게 될
것이다."

'몸이 기억한다'라는 말처럼 우리 신체에 각인된 것
의 영향은 강력해서 미선 님은 아직도 두려움과 불안감에
서 자유롭지 못합니다. 미선 님은 어렸을 적 화장실에 가려
고 깜깜한 공간을 통과했습니다. 단 한 번의 신체 자극이었
지만 그것은 미선 님이 성인이 된 지금도 그와 유사한 환
경, 즉 어둡고 인적이 드문 골목길에서도 공포를 느끼는 원
인이 되었다고 이해할 수 있겠습니다. 그렇다면 스피노자
는 두려움에 대해 어떻게 말했는지 같은 책 3부 정리 18 주
석 2를 보겠습니다.

"[…] 공포는, 마찬가지로 불확실한 어떤
것[불확실하게 여기는 미래나 과거의 것]에 대한
이미지에서 생겨나는 불안정한 슬픔이다. […]"

공포는 무서운 게 언제 나타날지 몰라 의심하는 상
태에서 느끼는 슬픈 감정입니다. 그렇다면 여기서 의심이
제거되면 어떻게 될까요? 어두운 골목에서 유령이 나타난
다면 그것은 불확실한 슬픔이 아닌 확실한 슬픔일 겁니다.

불확실한 슬픔이든 확실한 슬픔이든 우리에게 유리한 것은 슬픔을 제거하고, 기쁨을 획득하는 게 아닐까요?

다시 찬찬히 돌이켜 보면, 미선 님은 어두운 골목에서 유령이 나타나지 않을 거라고 긍정적으로 생각하다가도 동시에 '나타나면 어쩌지…'라는 의심을 품기에 슬픔의 감정을 느낍니다. 따라서 어두운 골목의 유령을 상쇄할 만한, 더 강하게 기쁜 것을 떠올릴 수 있다면 미선 님은 의심의 원인을 제거하는 동시에 공포도 없애서 그 상황에 대해 안도할 수 있습니다.

밤새 거실의 불을 켜 놓고 잔다거나, 어두운 골목을 평생 피하며 살 수는 없겠지요. 자신 주변의 상황을 언제나 맘대로 좌지우지할 수는 없습니다. 이 사실 역시 불안함의 원인이 됩니다. 이로 인해 아직 오지 않은 미래의 일을 걱정하며 자신의 행동을 제한함으로써 현재 자신이 하고 싶은 일, 해야 할 일에 방해를 받게 된다는 겁니다.

현실적으로 공포를 없앨 방법은 없을까요? 어두운 골목에 혼자라는 것이 불안하고 두렵다면 친구들과 함께 어두운 골목을 몇 번 가 보세요. 더 자주 방문할수록 점점 적은 친구들과 가 보는 겁니다. 그리고 준비가 되었다면 홀로 가 봅니다. 이렇게 하다 보면 유령이 나타나지 않는다는 확신은 점차 커지고, 의심은 줄어드는 것을 신체를 통해 경험합니다. 인간 정신은 신체 자체를 지각하면서 형성됨을 잊지 말아야겠습니다.

누구나 학점, 취업, 인간관계 등으로 인해 불안을 겪은 적이 있을 겁니다. 이를 극복하는 방법은, 골목에서 두려워하지 않는 경험을 신체에 각인하려고 노력하듯이, 편안해지려는 마음을 꾸준히 내는 겁니다. 힘든 상황에서도 편안함을 몸에 새기려고 계속 애써야 합니다.

미선 님은 예측 불가능한 것에 대한 공포로 늘 불안해했는데, 이는 결국 내면의 유령을 만들어 내는 것이었습니다. 이제는 그것에서 벗어나 더 자유롭게 살고 싶습니다. 미선 님이 자신을 옥죄던 불안함에서 벗어나 스스로를 더 강한 사람으로 받아들일 날이 오기를 기원합니다.

만남을 마무리 지을 무렵 미선 님은 다짐하듯 말합니다. "제가 무서워하는 존재보다 더 강한 존재를 만들어야 한다는 생각이 들었습니다. 어두운 골목길에서 나타난 유령을 무찌르는, 저를 지켜 주는 수호령 같은 존재랄까요? 이와 더불어, 생각만으로 그치지 않고 제가 직접 어두운 골목길을 가 보고 또 직접 부딪혀 보는 체험이 꼭 필요하다고 느낍니다."

2-6
좋아하는 것 vs 좋아 보이는 것

음악이 좋아서 작곡을 꿈꾸던 사랑 님은 아버지의 부도로 가정 형편이 어려워지면서 잠시 꿈을 접었습니다. 사랑 님의 마음속에는 여전히 음악에 대한 꿈이 맴돌고 있지만, 곡을 써 보는 일이나 작곡 레슨을 받기 위해 돈을 모으는 일에는 소극적인 편입니다.

음악이 좋아 작곡과 진학을 목표로 열심히 공부하던 사랑 님은 아버지의 부도로 고등학교 3학년 때 음악을 포기해야 했습니다. 드라마에서나 보던 빨간 딱지와 함께 작곡가라는 꿈도 무너지고 말았습니다. 그 뒤 관심도 없는 경영학과에 입학하여 낙제 점수만 받지 않는 선에서 대학 생활을 하게 됩니다. 3학년 2학기가 되어서야 여태까지의 생활을 후회하며 다시 음악의 꿈을 잡고자 했습니다. 집안 사정은 나아졌지만 아버지가 완강히 반대하여 음악의 꿈은 마음속에만 맴돌고 있었습니다.

곡을 써 봤냐고 묻자 사랑 님은 아직 그럴 단계는 아니라 했습니다. 레슨을 받기 위해 필요한 돈은 모았냐고 질문하자 고개를 저었습니다. 피아노 학원에서 파트타임으로 일하면 그래도 다른 아르바이트보다는 페이를 더 많이 받지 않느냐는 질문에는 전공자가 아니라서 아마도 받아 주지 않을 거라 말합니다.

이쯤에서 의문이 생깁니다. 사랑 님은 정말로 음악을 좋아하는 걸까요? 아니면 음악이 좋아 보였던 걸까요? 자신이 진정으로 음악을 좋아했다면 지푸라기라도 잡는 심정으로 무엇이든 하고자 했을 겁니다. 좋아하는 것을 하기 위해서는 어떤 대가라도 지불하려는 마음이 생깁니다. 하지만 사랑 님은 그러지 못했습니다. 그렇다면 우리는 자신의 행위에 대해 스스로에게 질문해야 합니다. 좋다면 왜 좋은지, 좋아 보인 것이라면 무엇 때문인지 말입니다. 남들이 다 하니까? 돈을 많이 벌 수 있어서? 세상이 인정해 주고 좋다고 하니까?

그렇다면 사랑 님은 왜 꿈만 갖고 아무런 행위를 하지 않은 걸까요? 사랑 님은 과연 능동적인 삶을 살아왔을까요?

스피노자는 『에티카』 3부 정리 1 따름정리에서 다음과 같이 말합니다.

"〔…〕 정신이 부적합한 관념을 더 많이 가질수록
정신은 더 많은 수동들〔정념들〕에 구속되며,
반대로 더 많은 적합한 관념들을 가질수록 더 많이
행위한다. 〔…〕"

그렇다면 사랑 님은 음악에 대해 적합한 관념보다
부적합한 관념을 더 많이 가졌던 걸까요? 3부 정의 2를 함
께 보도록 하겠습니다.

"우리가 그것의 적합한 원인인 어떤 것이 우리
안에서나 우리 밖에서 생겨날 때, 〔…〕 나는 우리가
능동적이다(활동한다)고 말한다. 그리고 반대로
우리 안에서 어떤 것이 생겨날 때, 또는 우리의
본성으로부터, 우리가 그것의 부분적인 원인에
불과한 어떤 것이 따라 나올 때, 나는 우리가
수동적이다(활동을 겪는다)라고 말한다."

여기서 눈여겨봐야 할 단어는 '적합한 원인'과 '능동
적이다', '수동적이다'입니다. 적합한 원인이란 무엇일까요?
사랑 님이 음악을 좋아하고 작곡가의 꿈을 갖게 된 이유를
명확하게 아는 것을 말합니다. 이럴 때 사랑 님은 능동적

삶을 살게 됩니다. 반대로 그 원인이 부분적이라면 사랑 님은 수동적 삶, 즉 아버지의 부도 같은 외부의 어떤 원인에 의해 작용을 받게 됩니다.

사랑 님은 레슨을 받지 못하게 되었을 때 슬픔이 컸을 겁니다. 자신의 꿈이 외부 원인에 의해 좌절되었기 때문입니다. 하지만 여기서 사랑 님은 아버지를 탓하거나 자신의 꿈을 내려놓을 게 아니라 몸으로 부딪혀 무엇이든 해 봐야 하지 않았을까요? 자신이 음악을 정말 좋아했던 건지, 좋아 보였던 건지 부딪혀 적합한 원인을 찾아보는 겁니다.

사랑 님은 레슨을 받지 못하게 되었을 때 삶에 변화가 생겼습니다. 자신과 자신의 꿈이 하나인 줄 알았는데 그것이 둘로 나뉘게 된 겁니다. 이것이 사랑 님에겐 부적합한 관념을 가지게 하여 수동적 삶의 원인이 된 게 아닐까 합니다. 3부 정의 2에서 **"적합한 원인인 어떤 것이 우리 안에서나 우리 밖에서 생겨날 때…"**를 다시 봅시다. 여기서 우리의 내부를 '자신', 외부를 '자신의 꿈'이라 한다면 적합한 원인은 둘을 하나로 만들어 가는 겁니다. 자신과 자신의 꿈은 둘로 나뉠 수 없습니다. 자신의 꿈이 꼭 좋아서 해야만 하는 것이 아니라 꿈이 자신에게 적합한 원인이 되어 가는 과정에서 적합한 관념을 획득하고, 이를 통해 능동적 삶을 꾸려나가면 된다는 것을 기억해야 합니다.

사랑 님은 말합니다. "제 친한 친구는 작곡과를 다녀요. 그래서 친구와 이야기를 하면 항상 이상하게 눈치가 보이고 기가 죽곤 했어요. 한 번은 친구와 만난 후 집에 돌아와서 다시 생각해 보았는데, 인생은 각자의 속도가 있어서 빠르다고 좋은 것도 느리다고 나쁜 것도 아닌 것 같아요. 인생은 속도보다 방향성이 중요하다고 생각해요. 그래서 기죽을 필요도 눈치 볼 필요도 없었던 거였는데 내 스스로가 나를 못났다고 생각하고 있었구나… 하고 깨달았어요. 친구와 비교하여서 스스로를 부끄럽게 여긴 것이지요. 앞으로는 스스로에 대해서 생각할 때 사회에 맞춰서가 아니라 있는 그대로 바라봐야겠다고 느꼈어요."

스피노자는 『에티카』 2부 정리 35 주석에서 우리가 "**[…] 자신들의 행위는 의식하면서도 자신들의 행위를 규정하는 원인들에는 무지하다 […]**"라고 말합니다. 이 뜻은, 자신의 행동을 규정하는 원인에 대해 무지하면 수동적 삶을 살게 된다는 겁니다. 우리는 좋아하는 것만을 하며 살 수는 없습니다. 때로는 좋아 보이는 것도 해야 하고, 싫어도 어쩔 수 없이 해야 할 때가 있습니다. 좋아서 했든, 좋아 보여서 했든 내 행동을 규정하는 원인들을 찾아볼 때 나의 행동에 대해 적합한 인식이 생깁니다. 그리고 이런 삶의 과정에 진정한 자유가 있습니다.

나의 이익을 위해 행동해야 하는 이유

🖋

정선 님은 조별 과제 무임승차자 때문에 화가 납니다. 연락이 두절되었던 조원이 발표 전날 등장해 자신이 발표자 역할을 맡겠다고 했다가 최악의 발표를 해 결국 조원들 모두에게 피해를 끼친 겁니다. 정선 님은 조장은 아니었지만, 그 친구에게 화가 나고 속상했습니다.

정선 님은 최근에 조별 과제를 하다가 너무 화가 났습니다. 조장은 아니지만 단톡방을 개설하고, 조원들에게 자료 조사를 분담해 줬는데 문제가 생겼기 때문입니다. 조원 중 한 명이 자료 조사도 하지 않고, 연락도 되지 않다가 발표 전날 등장해서는 이미 다른 친구들이 조사한 자료를 약간 손봐서 단톡방에 올리더니 대뜸 자신이 발표자 역할을 맡겠다고 했습니다. 아무것도 하지 않다가 갑자기 나타나서 가장 중요한 일을 하겠다고 하니 기가 찰 노릇이었습니다. 이건 명백하게 무임승차였습니다.

예상대로 발표는 최악이었습니다. 무임승차한 그 친구는 자료를 이해하지도 못했습니다. "여기 적혀 있으니 읽어 보면 됩니다." 발표 도중 그렇게 말하기도 했습니다. 그러자 교수님과 수강생들이 실소했습니다. 발표 후 단톡방에서 정선 님은 그 친구에게 화를 냈습니다. 그 친구는 곧바로 방을 나가 버렸습니다. 그 뒤에 하루를 망친 것 같아서 정선 님은 너무 속상했습니다. 화나는 것을 참았어야 했을까요?

정선 님은 무임승차한 친구에게 화를 낸 것 때문에 속상합니다. 화를 낸 원인 하나는 무임승차한 친구의 불성실함일 겁니다. 또 하나는 그 친구가 과한 욕심을 내면서 발표를 하는 바람에 정선 님네 조원 모두가 피해를 본 겁니다. 그런데 무임승차자 친구가 발표를 하겠다고 고집을 부릴 때, 왜 아무도 그것을 꺾지 않았을까요? 조원 중 누구라도 자료 조사를 제때 하지 않은 조원이 발표를 해도 되겠는지 다른 조원들의 의견을 물을 수 있었을 것 같아요. 그렇게 의견을 수렴하는 과정이 있었으면 어땠을까 싶습니다.

정선 님은 조장이 아니라서 일을 많이 하는 게 부담스러울 수도 있지만, 단톡방을 개설하는 일을 이미 해 본 적이 있으니 나서서 의견을 물어보는 정도의 권한과 능력이 있었을 것 같습니다. 그렇게 수렴한 전체 의견이 '무임승차 조원이 발표하는 데 동의한다'였다면 발표가 엉망이 되었더라도 조원들이 무임승차자에게 무조건 화낼 수는 없었을 겁니다. 왜냐하면 의견을 표명한 책임이 있기 때문입니다. 그런데 아마 조원들은 높은 확률로 그에 동의하지 않았을 겁니다. 무임승차 조원이 자료 조사 과정부터 불성실했다는 것을 이미 알고 있기 때문입니다. 이런 상황에서 무임승차 조원이 발표자가 될 수는 없습니다. 아마 자료 조사 과정부터 성실하게 참여한 친구가 발표자가 되었을 것이고, 이때 발표도 더 잘했을 겁니다. 그러면 조원들이 만족할 만한 결과가 나올 수 있습니다.

문제는 이런 과정이 없었기에 정선 님이 무임승차 조원에게 화를 내게 된 겁니다. 발표도 엉망이 된 데다 서로 싸우기까지 했으니 정선 님은 마음도 힘들고 억울합니다. 단톡방도 만들고, 자료 조사도 하며 노력했는데 무임승차 조원 때문에 마음고생을 하고 결과도 나빴기 때문입니다. 무임승차한 조원의 사정을 헤아려 볼 수도 있습니다. 만약 개인적으로 급한 일이 있었거나 자료 조사를 못 했으니 발표를 해서 만회하려는 의도가 있었다면(물론 발표가 잘 되지는 않았지만), 정선 님이 무임승차한 조원에게 화를 내면 오히려 손해입니다.

중요한 것은 자료 조사부터 발표까지 조원들이 좋

은 결과를 얻기 위해서 서로 소통하는 일입니다. 그래서 무임승차 조원이 발표하겠다고 했을 때 조원들끼리 괜찮은지 서로 의견을 묻는 과정을 꼭 거치는 게 매우 중요합니다. 그렇게 했다면 당연히 성실하게 모든 과정에 참여한 다른 조원이 발표자가 됐을 것이고, 결과도 좋을 가능성이 큽니다. 그러면 정선 님에게 큰 이익입니다. 다른 조원들에게도 물론 이익입니다.

스피노자는 어떤 일을 할 때 이성적인 인식에 기초해 자신의 이익을 추구하는 방향으로 하라고 합니다. 『에티카』 4부 정리 24를 봅시다.

> "우리에게서 덕에 따라 절대적으로 행위한다는
> 것은 이성의 인도에 따라 행위하고 살아가고
> 자신의 존재를 보존하는 것(동일한 것을 의미하는
> 세 가지 방식)과 다르지 않으며, 이는 자신의
> 고유한 유용성을 추구하는 것을 기초로 하여
> 이루어진다."

위 말은 어떤 뜻일까요? 이성적으로 생각해서 자신의 이익을 추구하며, 자신을 보존하는 게 중요하다는 말입니다. 그렇게 하는 게 덕이 있는 행위라고 합니다. 정선 님의 이익은 발표 결과가 좋고 학점을 잘 받는 겁니다. 이를 위해서는 자료 조사부터 발표까지 과정 전체를 이성적으로 정확하게 알고 행동하는 것이 중요합니다. 그러면 정선 님에게도, 정선 님 모둠의 구성원들에게도 좋습니다.

정선 님은 말합니다. "소설 속 주인공들은 자의로든, 타의로든 크고 작은 사건에 휘말리고 성장해 나가잖아요. 결말이 해피엔딩이든, 새드엔딩이든 우리는 '성장'에 초점을 둬야 한다고 생각해요. 일 분 뒤, 우리에게 무슨 일이 생길지 몰라요. 우리의 뜻대로 좋은 방향으로 삶을 살아갈 수도 있으나 생각지도 못한 불행이 찾아올 수도 있어요. 그렇기 때문에, 하루하루를 최선을 다해 살아야 한다고 생각해요. 하루는 공부를 하고, 다른 날에는 마음껏 놀고, 또 다른 날에는 소중한 사람을 만나고, 그러면서 슬픔과 좌절을 경험할 거예요. 이런 날들이 쌓여 자신의 역사가 되고, 성장하는 거라고 생각해요."

똥 밟았다고 생각하라고?

상진 님은 가장 친한 동기들에게 털어놓은 자신의 고민과 약점이 어느새 모두에게 소문났다는 것을 알고 배신감을 느꼈습니다. 상진 님은 주변 사람들을 신뢰하기 어려워졌고, 이미 퍼진 소문을 어떻게 해야 할지 몰라 당황스럽습니다.

상진 님은 마지막 학기에 대학 친구들과의 관계가 어려워졌습니다. 4년 동안 함께 동고동락한 동기들이었습니다. 그들 중 친한 몇 명에게 당연히 고민도 털어놓고 자신의 약점까지 이야기를 했습니다. 그런데 예상 밖의 일이 벌어졌습니다. 상진 님이 얘기한 고민과 약점이 어느새 동기들 사이에 다 퍼져 버린 겁니다. 이때부터 상진 님은 주변 사람들을 믿지 못하게 됐습니다. 철저하게 거리를 두었습니다. 이런 일을 통해 상진 님은 이제 자신의 약점을 누구에게도 털어놓아서는 안 되겠다고 생각했습니다. 상진 님은 다른 사람들이 자신의 이야기를 다 알게 된 상황에 어떻게 대처해야 할지 아직도 잘 모르겠습니다. 배신당한 기분입니다. 어떻게 해야 할까요?

만약 상진 님과 같은 상황에 처한다면 어떻게 할 건지 청년들에게 물으면 뭐라고 대답할까요? '똥 밟았다고 생각하고 인간관계를 정리한다'고 할까요? 아니면 '긍정적인 마인드로 자신을 위로하고 극복하겠다'고 할까요? 아니면 '약점에 대한 자신의 관점을 바꿔 본다'고 대답할까요?

여러분이 상진 님이라면 어떻게 할 건가요? 쉽지 않습니다. 자신의 비밀과 단점을 주변의 친한 친구 몇 명에게 털어놓았는데 그것을 학과 친구들이 죄다 알게 된다면 정말 속상할 것 같습니다. 그 첫 번째 이유는 우선 신뢰가 깨졌기 때문입니다. 상진 님은 자신의 단점을 말할 때 친구들이 그 사실을 다른 사람들에게 말하지 않을 것으로 믿었습니다. 그런데 정반대의 상황이 벌어집니다. 그래서 상진 님은 다른 사람 앞에 서기가 괴롭습니다. 부끄럽고 수치감을 느낍니다. 상진 님은 다른 친구들에게 실제로 모욕을 당한 상황은 아니지만, 자신의 단점이 노출돼서 모욕을 당할까 봐 두려운 겁니다. 이로 인해 자신의 단점을 말한 친구들 몇 명에게 배신감을 느낍니다.

여기서 짚어 봐야 할 게 있습니다. 상진 님은 많은

친구들에게 자신의 단점이 노출됐다는 것 자체가 부끄럽고 싫습니다. 그렇지만 여러 친구들이 상진 님의 단점을 구체적으로 이야기하며 비난한 단계는 아닙니다. 따라서 실제로 친구들이 상진 님의 약점에 대해 어떻게 얘기할지 알 수 없습니다. 친구들이 안 좋게 이야기하는 일이 실제로 벌어진다면 그때 대응하면 됩니다. '내 단점에 대해 서로 이야기를 하고 있을 거야'라고 걱정을 당겨 하며 너무 힘들어할 필요는 없습니다.

스피노자는 『에티카』 3부 정리 39에서 다음과 같이 얘기합니다.

> "어떤 이를 미워하는 사람은, 그 자신에게 더 커다란 해악이 생겨나지 않을까 두려워하지 않을 경우에는, 그에 대해 나쁜 일을 행하려고 노력할 것이다. […]"

위 말은 자신이 미워하는 사람에게 해를 끼치려 하는데 자신에게 돌아올 피해가 더 클 경우 실행하지 않는다는 뜻입니다. 상진 님은 자신의 단점을 여러 사람들에게 퍼뜨린 몇 명의 친구를 미워할 겁니다. 그런데 만약 그들에게 앙갚음하려 하면, 그들은 "말 한마디 한 것을 갖고 친구를 이렇게 심하게 대하냐"고 말할 수도 있고 악의적으로 더 좋지 않은 이야기를 퍼뜨릴 수도 있습니다. 그러면 상진 님의 두려움은 더 커질 겁니다.

그래서 차라리 똥 밟았다고 생각하고 넘어가는 것도 나쁘지 않습니다. 이번에는 안 좋은 인간관계를 경험했으니 다음에는 자신을 행복하게 해 줄 사람들을 만날 거라는 희망을 가져 보는 것도 방법입니다.

상진 님은 말합니다. "시간을 갖고 생각해 보니 그들 각자 자신이 처한 환경도, 하는 생각도, 걸을 때의 보폭도 모두 다를 텐데 내가 너무 자기 위주의 관점으로 의심하고, 믿지 못한 것은 아닌가? 하는 생각이 들었습니다. 그러고 나서부터는 마음이 조금 편해졌습니다. 이게 그 사람에 대한 기대를 내려놓고 포기하는 건지, 아니면 '그들도 나름의 생각을 갖고 판단을 하겠거니' 하고 한발 물러나서 지켜보는 건지 살짝 헷갈리기는 하지만, 일단 중요한 건 제 마음이 한결 편해졌다는 겁니다. 당분간은 타인을 대할 때 이렇듯 한발 떨어져서 지켜볼 생각입니다."

합리적 이유 없는 미움

✒️

지원 님은 학창 시절 유독 담임 선생님에게 합리적 이유 없는 미움을 받았습니다. 미숙하고 불완전한 청소년기에 이런 일을 겪어야 했던 지원 님은 자신의 존재 가치를 부정당한다는 생각에 매우 힘들었습니다.

지원 님은 학창 시절 유독 담임 선생님 때문에 힘들어 했습니다. 지원 님은 힘든 시절의 원인이 선생님이었다는 것은 주관적인 판단이 아니라 부모님과 자신의 경험에 의해 증명된 사실이라며 말문을 열었습니다. 초등학교 1학년 때는 현금 촌지를 받은 후 태도가 달라진 담임 선생님을 만났습니다. 어린아이였지만 선생님의 바뀐 태도와 관심은 불쾌한 감정을 불러일으켰다고 합니다. 좋아하는 학생과 싫어하는 학생의 구분이 엄격했던 중학교 1학년 때 담임 선생님은 언제나 화를 냈고 날카로운 언행을 일삼았다고 합니다. 하루는 단체로 반 청소를 하는 도중 지원 님을 갑자기 화장실로 불러낸 후 선배들 눈에 띄는 빨간색 윗옷을 입었다는 이유로 폭언을 했습니다. 담임 선생님이 합리적 이유 없이 지원 님을 싫어했던 수많은 사연 중 하나라고 합니다.

고등학교 1학년 때는 같이 놀던 친구들과 다투었습니다. 일 대 다수가 된 상황 속에서 중재가 어렵자 담임 선생님께 도움을 청하게 되었습니다. 처음엔 지원 님을 위로하고 호의적인 태도를 보였던 선생님은 싸움이 길어지자 학교폭력과 같은 불미스러운 일이 내부적인 혼란만 가중시킨다며 상황을 빨리 끝내고 싶어 했고, 지원 님의 잘못을 찾기 시작했다고 합니다. 결국 지원 님은 싸움에 대해 왈가불가하지 말며 친구들과 화해하라는 선생님의 제안을 받아들여야 했다고 합니다. 하지만 화해를 위해 마련된 자리에서 친구들과 이야기를 하다 보니 지원 님은 자신이 문제의 근원으로 몰리고 있음을 느꼈으며, 사과를 받기는커녕 일방적인 고해성사만 한 것 같다고 했습니다. 일은 그렇게 마무리되었지만 지원 님은 1년 내내 극심한 스트레스에 시달릴 수밖에 없었습니다.

지원 님은 말합니다. "타인에게 미움을 받는다는 것은 아무리 성숙한 사람이라도 납득하기 어려운 일이에요. 더군다나 미숙하고 불완전한 청소년기에 저는 상당한 정신적 충격에서 벗어날 수 없었어요. 특히 저라는 사람을 있는 그대로 바라보지 않고 자기들의 개인적인 이익이나 감정과 부합하는 방향으로 인식해 버리자 저의 존재 가치를 부정당한 기분이 들어서 가장 고통스러웠어요."

스피노자의 『에티카』 3부 정리 46에는 어떤 사람이 자신이 속한 집단과 다른 집단에 속한 한 사람으로 인해 기쁨이나 슬픔을 느꼈다면, 결국 그 사람뿐만 아니라 해당 집단에 속하는 모두를 사랑하거나 미워하게 된다는 설명이 있습니다. 지원 님이 극심한 스트레스에 1년 내내 시달려야 했던 원인은 단순히 친구들과의 다툼만이 아닙니다. 선생님도 그 원인입니다. 이는 지원 님이 결국, 같은 반 구성원 모두를 미워하게 된 이유가 됩니다. 지원 님의 말처럼 미숙하고 불완전한 어린 소녀, 그리고 청소년기에 학생들의 울타리가 되어야 할 학교와 선생님이 기쁨이 아니라 오히려 슬픔을 준 겁니다. 하여, 지원 님이 느낀 선생님에 대한 미움은 결국 인간에 대한 슬픔으로 확대되었을 겁니다.

그렇다면 스피노자는 슬픔을 무엇이라 정의했을까요? 인간이 더 큰 완전성에서 더 작은 완전성으로 이행하는 거라고 했습니다. 내가 사과를 좋아한다고 가정해 봅시다. 그렇다면 사과를 먹기 전 우리에게 기쁨의 감정이 올라옵니다. 그런데 생각했던 것보다 사과가 맛이 없다고 한다면 우리는 실망할 겁니다. 이것이 더 큰 완전성에서 더 작은 완전성으로 이행하는 슬픔입니다. 반대로 기쁨도 마찬가지입니다. 단골 김치찌개 집보다 더 맛있는 김치찌개 집이 나타났다면 우리는 어느 식당으로 갈까요? 새로운 식당은 나에게 더 완전한 기쁨을 주고 이전 식당은 이제 덜 완전한 기쁨을 주는 겁니다. 하여, 그 자체로 완전한 기쁨이나 완전한 슬픔은 존재할 수 없는 것으로 이해할 수 있습니다. 이 집도 맛있지만 저 집은 더 맛있습니다. 움직이는 것, 즉 이행하는 것이 기쁨과 슬픔의 특징입니다.

스피노자의 말처럼 슬픔은 더 완전하다는 느낌에서 덜 완전하다는 느낌으로 이행하는 감정입니다. 지원 님은 자신을 존중하는 담임 선생님이 있어 학교생활이 즐거운 상태에서, 촌지를 받고 폭언을 하는 선생님이 있는 상황으로 바뀔 때 슬픔을 느낍니다. 부당한 일을 당했지만 지원 님은 더 작은 완전성에서 벗어나 더 큰 완전성으로 상황을 바꾸려 계속 노력했습니다. 빨리 일을 마무리하려는 선생님의 말을 따랐고 친구들에게 먼저 다가가 화해를 했습니다. 이것으로 지원 님의 슬픔은 더 큰 슬픔에서 그것보다 덜한 슬픔으로 이행을 하고 있던 것이 아니었을까요? 그러했다면 우리는 지원 님의 선택에 응원을 보내야 합니다.

『에티카』 4부 정리 3은 다음과 같습니다.

"인간이 실존 속에서 존속하는 힘은 제한적이며,
외부 원인들의 역량은 이 힘을 무한하게 능가한다."

　　지원 님에게 외부 원인은 '이해할 수 없고 부당한
것'이었습니다. 어떤 일의 결과가 그 원인 자체에 의하여
이해될 수 없을 때, 그 원인은 부적합한 겁니다. 그리고 그
것이 우리의 내부에 생길 때 우리는 작용을 받습니다. 불완
전한 청소년들이 자신을 무한히 압도할 만한 힘에 의해 이
뤄진 수동적 선택에 사로잡히는 것이 아니라, 스스로 명확
하게 판단해서 능동적 선택을 할 수 있는 시대가 되기를 간
절히 바라 봅니다.

확신 뒤에 가려진 진짜 내 모습

예지 님은 영어 수행평가 시험 직전 친구와 다투었습니다. 엎드려
있던 예지 님이 부정행위를 했다고 오해한 선생님은 예지 님께 재
시험 기회 없이 0점을 주겠다고 했습니다. 예지 님은 결백을 증명
할 기회가 없어 절망했습니다.

예지 님은 영어 수행평가를 보기 전에 친구와 다투게 됐습
니다. 속상하고 억울해서 책상에 엎드려 울고 있었습니다.
그래도 최대한 마음을 추스르고 최선을 다해 수행평가에
임했다고 합니다. 그런데 문제는 채점 후 일어났습니다. 선
생님은 공개적으로 반에서 부정행위를 한 사람이 있고 그
학생은 시험지를 돌려받지 못할 거라고 말했습니다.

　　해당 학생이 자신임을 직감한 예지 님은 부정행위
를 하지 않아 당당했습니다. 그랬기에 그 즉시 선생님에게
그 학생이 자신을 가리키는 건지 물었습니다. 그러고 나서

다른 문제로 시험을 보아 자신의 결백을 증명해 보이겠다고 했습니다. 그러나 영어 선생님은 예지 님을 끝까지 믿지 않았습니다. 심지어 '예지 님이 부정행위를 해서 수행평가 점수가 0점 처리될 것'이라고 부모님에게 잘 설명하라고 했습니다. 예지 님은 점수를 받지 못하더라도 부모님에게 거짓을 말할 수는 없었습니다. 선생님에 대한 신뢰가 절망감으로 바뀌었고, 예지 님은 그날 이후 학교에 가지 않았습니다. 그런 뒤 얼마간의 시간이 지나 영어 선생님은 다시 시험 볼 기회를 주었습니다. 예지 님은 첫 시험과 똑같이 100점을 받았다고 합니다.

살다 보면 우리가 믿었던 사람에게 실망하기도 하고, 절망감을 느껴야 할 때도 있습니다. 자신의 결백을 아무리 주장해도 상황이나 환경의 압박으로 스스로의 존재를 부정해야 하는 상황이 발생하기도 합니다. 이럴 때 우리는 어떻게 해야 할까요? 우선, 이러한 상황이 어떻게 발생했고 우리는 이를 어떻게 받아들여야 할지 생각해 볼 필요가 있습니다.

스피노자는 『에티카』 2부 정리 31에서 다음과 같이 말합니다.

"우리는 우리 바깥에 있는 독특한 실재들의 지속에

우선 '바깥에 있는 독특한 실재들의 지속'이라는 말에서 우리는 '독특한 실재'를 일어난 사건으로 보려 합니다. 어떤 사건은 수많은 원인과 결과에 묶여 있습니다. 이런 복잡한 인과관계 때문에 우리는 그 '독특한 실재'에 대해 부적합한 인식을 가질 수 있습니다. 그렇기에 우리가 누군가를 의심하거나 미워할 때 그 원인이 과연 적합한지 스스로에게 되물어야 합니다.

영어 선생님은 여러 가지 원인을 다 파악하지 못한 상태에서 예지 님을 의심함으로써 예지 님이 부정행위를 했을 거라는 부적합한 인식을 가졌을 가능성이 큽니다. 하여, 우리는 영어 선생님이 예전부터 예지 님에게 가지고 있던 부정적 생각이 이어지면서 시험 결과를 강하게 의심하게 된 것이라 이해할 수 있습니다. 물론 이런 오류는 영어 선생님뿐 아니라 우리도 경험할 수 있습니다.

그렇다면 우리는 왜 이러한 오류를 범할까요? 『에티카』 2부 정리 49 주석에서 좀 더 알아보도록 합니다.

"[…] 우리는 위에서 거짓은 오직 잘려지고
혼란스러운 관념이 함축하는 결여에 있다는 점을

보여 주었다. 따라서 거짓 관념은 그것이 거짓인
한에서는 확실성을 함축하지 않는다. 우리가 거짓
안에 머무는 사람은 거짓된 것에 대해 의심하지
않는다고 말할 때, 우리는 그가 〔자신의 관념이
참이라는 것에〕 확실성을 갖고 있다고 말하는
것이 아니라 다만 그가 의심하지 않는다고 말하는
것이다. 〔…〕"

우리가 누군가를 의심하는 원인을 적합하게 파악
할 수 없기에 스피노자는 '잘려지고 혼란스러운 관념'이라
고 말합니다. 영어 선생님은 예지 님이 부정행위를 했다는
것이 확실하지 않은데도 자신의 생각을 의심하지 않았습니
다. 그렇기에 영어 선생님은 자신의 잘못된 생각에 대해 만
족하고 그것을 성찰하지 않습니다. 따라서 우리가 누군가
를 의심할 때 그 사람이 과거부터 잘못된 행동을 해 왔기에
현재도 똑같을 것이라는 부적합한 생각이 원인이 되기도
함을 잊지 말아야 합니다.

항상 진실한 사람이라는 자부심을 가졌던 예지 님
은 이 사건을 겪으면서 타인의 강요로 자신의 가치를 스스
로 부인해야 하는 상황이 발생할 수 있다는 사실을 깨달았
습니다. 스물세 살이 된 지금 떠올려도 고통이 느껴지는 불

쾌한 경험이었다고 합니다. 하지만 이를 반면교사 삼아 유사한 상황에 처하게 되면 자신을 지킬 수 있는 방법이 무엇인지 찾아보게 되었습니다. 또한 자신이 타인에게 정신적 고통을 가하지 않도록 배려 깊은 사람이 되고 싶다고 합니다. 예지 님이 앞으로 외부 사건에 대해 정확하고 적합한 인식을 가질 수 있기를 응원합니다.

함께 이야기를 나누고 꽤 시간이 흐른 뒤, 오랜만에 만난 예지 님은 최근 자신의 마음을 울린 문장이 있다며 이렇게 말했습니다. "셰익스피어의 '이름이란 게 무슨 소용인가. 장미꽃은 다른 이름으로 불려도 여전히 향기로울 것이다'라는 문장이었어요. 저는 이 문장에서 결국 중요한 건 본질이라고 느꼈고요. 누군가가 나를 의심하고 믿어 주지 않더라도, 그 본질이 아름답고 그 진의가 정직하다면 다른 것들은 아무런 상관이 없는 것처럼 말입니다. 그동안 저는 좋지 않은 추억에 매몰되어 살아간 것 같아요. 그러나 저 문장이 그동안 잊고 있던 진실을 다시 한 번 일깨워 주었습니다."

우리의 감정을 탐색하다

우리에게는 기쁨, 슬픔, 분노, 후회 등 다양한 감정이 있습니다. 우리는 화를 내고 나서 후회하기도 하고, 화를 참고 나서 억울해하기도 합니다. 어느 경우든 상대방이 나를 슬프게 한 것은 분명해 보입니다. 내가 슬픔에 빠지면 상대방은 미운 사람이 됩니다. 그렇게 우리는 누군가를 사랑하고 미워하기도 합니다. 그렇다면 상대방의 무엇이 나에게 슬픔을 주었을까요? 성냄과 분노의 원인은 무엇일까요? 우리는 자신이 느끼는 감정의 원인을 추적해 본 적 있을까요?

가끔 우리는 마음속으로 생각했던 것과 전혀 다른 말과 행동을 해서 후회를 하기도 하고 사람들에게 오해를 사기도 합니다. 왜 그럴까요? 우리의 정신과 행동은 어떠한 관계에 있을까요?

화가 잔뜩 난 한 친구에게 그 이유를 물은 적이 있습니다. 그러자 그 친구는 공공기관 안내 데스크에 있는 사람의 예의 없는 행동 때문이라고 말했습니다. 화장실 위치를 턱으로 알려 줬다는 것이었습니다. 이 말은 합당할까요? 그가 화를 낸 건 '공공기관 안내 데스크에 있는 사람은 예의가 있어야 한다'라는 생각, 즉 안내 데스크에 앉은 사람이 자신의 생각과 다르게 행동했기 때문 아닐까요?

'이러면 안 돼' 혹은 '이래야 돼'라는, 우리가 가진 관념에 맞게 행동하는 사람을 보면 우리는 기쁨을 느낍니다. 자기 마음에 드는 사람만 세상에 있으면 좋을 텐데 이는 불가능합니다. 사실 별의별 사람이 다 있는 데다가 외부에 있는 사람에게 우리가 이래라저래라 말할 수도 없습니다. 그렇기에 우리의 감정은 외부 원인에 의해 좌지우지될 수 있다는 결론에 이르게 됩니다. 하여, 우리는 관념과 행동, 즉 정신과 신체의 관계를 이야기하면서 감정의 원인을 찾아보고자 합니다.

스피노자는 심신평행론을 말합니다. 이는 관념들은 관념들만의 계열에서 인과관계를 형성하고, 신체는 신체들만의 계열에서 인과관계를 형성한다는 뜻입니다. 위에서 화난 친구의 예를 다시 살펴보면, 그의 화는 본인의 관념을 원인으로 합니다. 사실 그의 아버지는 직업군인이었으며 그는 어렸을 적부터 예의 바르게 행동하라는 교육을 받았습니다. 자신이 교육받아 온 관념에 어긋난다고 생각하는 행동을 안내 데스크에 있던 사람이 하자 그에게 '화'라는 감정이 나타난 겁니다. 즉 화의 원인은 안내 데스크에 앉은 사람이 아니라 그가 가진 생각입니다. 이처럼 화남, 기쁨, 슬픔, 후회 등의 원인을 탐색해 보면 외부 대상보다는 자기 자신의 생각에 원인이 있음을 알 수 있습니다. 2부의 다양한 사례들을 통해 이러한 사실을 확인하려 했습니다. 이를 통해 우리는 감정의 원인은 자신이 여태까지 가져 온 생각과 인과관계를 형성하고, 행동의 원인은 신체와 인과관계를 이룬다는 것을 배웠습니다.

우리는 '작심삼일'이라는 말을 떠올리며 자신이 의지박약하다고 자책할 때가 있습니다. "난 졸지 않을 거야"라고 의지를 보였지만 여지없이 졸고 있다면 이는 의지의 문제가 아닌 자기 신체에 원인이 있다는 겁니다. 따라서 이 의지의 결과는 정신력의 문제가 아니라 신체적인 여러 원인으로 인해 나타난 하나의 현상입니다. 그러하니 이제부터 작심삼일이라고 자책하지 않아도 됩니다.

자신의 특성을 알고 더 나아가 상대방의 특성을 안다면 우리는 누군가를 덜 미워하게 되고 슬픔보다는 기쁨을 더 느끼게 될 겁니다. 자료 조사 때 함께하지도 않았으면서 발표를 하겠다던 친구 때문에 발표를 망치고 친구와 싸우기까지 한 청년의 사례를 통해 우리는 이성적으로 생각해서 자신의 이익을 추구하며, 자신을 보존하는 게 중요함을 배웠습니다. 이성적 인식을 갖고 있다는 건 적합한 생각을 획득함과 동시에 자신의 특성을 잘 안다는 뜻입니다. 또한 자신의 신체 변용에 따라 적합한 관념을 형성해 나가는 것이 중요하다는 것도 우리는 배웠습니다. 따라서 자신의 관념이 적합한 건지, 부적합한 건지 판단해 봐야 합니다. 그리고 적합한 관념으로 나의 특성을 잘 파악하는 연습을 하는 것이 중요하다는 사실을 새삼 다시 깨달았습니다.

우리의 정신은 적합한 관념을 더 많이 가질수록 능동적이 되고, 부적합한 관념을 더 많이 가질수록 수동적이 된다는 것을 또 다른 청년의 사례를 통해 배웠습니다. 자신이 좋아한다고 생각했던 음악은 외부 조건의 변화에 따라 자신에게서 멀어졌습니다. 삶이 수동적으로 변했던 것은 자신의 꿈에 대한 적합한 원인, 즉 적합한 관념을 획득하지 못했기 때문입니다. 이렇듯 자신의 꿈에서도, 인간관계에서도, 우리에게 일어난 어떠한 사건에도 수많은 인과관계가 작동하고 있기 때문에 그것에 대해 적합한 인식을 형성하는 것은 말처럼 쉽지 않습니다. 그렇기에 누군가에게 화가 난다면 그 사람의 행동이 아니라 그것에 대한 자신의 관념을 먼저 살펴봐야 합니다. 그리고 스스로는 미처 의식하지 못했지만 자신의 관념이 여러 원인에 의해 형성됐다는 것을 자각하는 게 중요하겠습니다.

어떤 감정의 원인이 자신의 생각에 의한 것이라는 걸 우리는 이제 확실하게 알았습니다. 또 정신과 신체의 메커니즘도 파악했습니다. 따라서 우리는 자신의 신체가 여러 원인에 의해 현재 상태처럼 된다는 것을 압니다. 그리고 우리의 정신도 여러 원인에 의해 현재와 같이 된다는 것도 염두에 둡니다. 그렇기에 이제는 감정의 원인을 잘 탐색하고 분별하고 따져 물어서 적합한 인식을 획득해야 합니다. 신체에 대해서, 정신에 대해서 우리는 적합한 인식을 형성해야 합니다. 그러면 우리의 감정에 대해서 보다 잘 알 수 있습니다. 그것은 자신을 보존하며 살아가기 위해 언제 나아가고 언제 물러나야 하는지를 판단할 수 있게 하므로 현실에서 위치를 설정하는 데 큰 도움이 될 겁니다.

III

스피노자가 알려 주고 싶은 '이성 사용법'

3-1

기쁠 때 일도 척척

✒

여름보다 쌀쌀한 겨울을 좋아하는 서준 님은, 수강할 과목도 많고 졸업 작품도 제출해야 하는 바쁜 마지막 학기를 보내고 있지만 왠지 지치지 않습니다. 서준 님은 이게 다 자신이 좋아하는 쌀쌀한 날씨 덕분이라고 생각합니다.

서준 님은 겨울을 좋아합니다. 2학기가 시작된 지도 벌써 한참이 지났습니다. 어느새 날씨가 쌀쌀해졌습니다. 서준 님은 가을이 왔으니 곧 겨울이 오겠구나, 하고 생각합니다. 그러자 갑자기 너무 행복해졌습니다. 기분이 좋고 몸이 가볍습니다. 이런 상태라면 어떤 일이든 해낼 것 같습니다.

　　사실 서준 님은 대학 마지막 학기인데 수강할 과목이 많습니다. 졸업 작품도 제출해야 합니다. 매주 팀 프로젝트 회의도 있습니다. 일상이 할 일로 꽉 차 있습니다. 그런데 이상합니다. 지치지도 않고 기분이 가라앉지도 않습니다. 오히려 바쁜 만큼 자신의 능력이 커지는 것 같습니다. 이번 학기에 너무 힘들어서 힘이 다 빠져 버리지 않을까 염려했는데 일이 많아질수록 그것을 다 해낼 수 있는 능력도 덩달아 커져서 너무 놀랍고 신기합니다. 서준 님은 이 모든 것이 쌀쌀한 날씨 덕분이라고 여기는데, 정말 그럴 수 있는 건지 궁금합니다.

　　서준 님은 자신이 좋아하는 날씨 덕분에 기쁨을 느낍니다. 스피노자에 따르면 사랑은 외부에 있는 어떤 것의 영향으로 기쁨을 느끼는 상태입니다. 이를테면 어떤 사람만 보면 기쁨을 느낀다면 이는 그 사람을 사랑하는 거라고 판단할 수 있습니다. 어떤 노래를 들을 때마다 기쁘면 그 노래를 사랑한다는 뜻으로 생각해도 됩니다. 외부에 있는 것의 영향으로 우리는 사랑을 느끼고, 그것을 통해 기쁨을 획득합니다. 이런 기쁨은 일차적으로 신체적 능력을 증가시킵니다. 서준 님은 날씨가 쌀쌀한 상태가 되니 기뻐서 신체적인 능력이 증대됐습니다. 날씨가 서준 님의 능력을 키워 준 겁니다. 연인, 맛있는 비빔밥, 산책, 따뜻한 커피 등 외부에 있는 사랑의 대상 중 우리의 신체적 능력을 키워줄 수 있는 게 많습니다. 그중 서준 님에게 가장 크게 영향을 미친 요소는 바로 날씨입니다.

　　날씨 덕분에 서준 님 신체의 능력이 커졌고, 이는

또 정신의 능력 증대와 궤를 같이 합니다. 신체의 능력이 증대하고 감소하는 원리는 정신의 능력이 증대하고 감소하는 원리와 동일합니다. 그래서 서준 님은 날씨가 좋을 때 여러 가지 일을 동시에 해낼 수 있었던 겁니다.

여기서 정신의 능력이 커진다는 것은 어떤 의미일까요? 20학점에 해당하는 '수강 과목'을 소화해야 하는 스케줄, 졸업 작품 만들 때 해야 할 일, 프로젝트 회의 들을 계획하고 배치하는 능력의 증대입니다. 이때 가장 필요한 건 전체 상황을 조절하는 이성의 능력입니다. 이성적 인식 능력은 신체적인 능력이 활성화될 때 커진다는 것을 우리는 서준 님의 활동을 통해서 알 수 있습니다. 서준 님은 마지막 학기에 일이 바빠서 지칠 줄 알았는데, 모든 일을 원활하게 잘 해낼 수 있었습니다. 신체 능력의 증대와 이성적 인식 능력의 확대를 바탕으로 여러 일들 사이의 공통성을 파악해 스케줄을 조절할 수 있었던 겁니다.

그런데 생각해 봐야 할 점이 있습니다. 이렇게 줄줄이 연쇄돼서 일이 잘 된 이유의 시발점은 날씨입니다. 여기서 가정을 하나 해 보겠습니다. 만약 후덥지근한 여름일 때 서준 님이 20학점을 수강하고, 졸업 작품을 만들고, 프로젝트 회의를 계속해야 했다면 어땠을까요? 신체적 능력의 감소, 이성적 인식 능력의 약화가 여러 일들이 뒤죽박죽 섞이도록 했을지도 모릅니다. 이렇게 생각하면 서준 님의 일이 잘된 것은 '날씨'라는 요소 하나로 귀결됩니다. 그런데 날씨는 외부적인 요인입니다. 그렇다면 서준 님의 일이 잘되고, 안되고는 외부 요소에 달린 겁니다. 이는 사실 서준 님의 일이 우연히 잘됐다는 뜻이기도 합니다. 이러면 서준 님이 어떤 일을 안정적으로 계속 잘해 나갈 수 있다는 보장이 없습니다. 그렇다면 어떻게 해야 할까요?

현실적으로 생각해 보겠습니다. '신체적인 기쁨을 주는 요소를 의도적으로 늘려라.' 바로 이겁니다. 산책과 등산, 양질의 음식, 따뜻한 차 한 잔, 대화가 잘 통하는 친구나 연인 등 기쁨을 주는 요소가 다양할수록 신체의 능력이 증대되고, 이에 따라 정신의 능력도 활성화됩니다. 그리고 어떤 일을 이성의 능력에 따라 해 나갈 가능성도 커집니다. 그렇기에 서준 님이 자신에게 기쁨을 주는 '날씨'와 같은 것을 더 많이 확보할수록 좋습니다. 여기서 한 걸음 더 나아가 '외부 원인'뿐 아니라 '내부 원인'까지 확보할 수 있다면 최상입니다. 어떤 학생은 철학을 공부하면서 너무 기뻐서 후줄근한 옷을 입어도 상관없고, 김밥 한 줄에도 만족한다고 합니다. 이는 외부 요소에 더 이상 영향받지 않고 내부 원인으로 철학을 공부하면서 기쁨을 느끼는 상태입니다.

『에티카』 4부 정리 24는 다음과 같습니다.

"우리에게서 덕에 따라 절대적으로 행위한다는 것은 이성의 인도에 따라 행위하고 살아가고 자신의 존재를 보존하는 것(동일한 것을 의미하는 세 가지 방식)과 다르지 않으며, 이는 자신의 고유한 유용성을 추구하는 것을 기초로 하여 이루어진다."

위 말은 이성의 지도에 따라 자신에게 이익이 되는 방향을 취해 생활하라는 겁니다. 그리고 이것의 선행조건은 앞서 이야기했듯 기쁨 그리고 신체적인 능력의 증대입니다. 서준 님이 앞으로 날씨 이외에 자신에게 기쁨을 주는 것을 더 많이 찾아내길 기원합니다.

서준 님은 대화가 끝나갈 무렵 정리하듯 말했습니다. "찾으려고 하기만 하면 어떤 식으로든 기쁜 일은 있었다는 사실을 알게 됐습니다. 또한 살아가다 보면 어떤 순간은 나쁜 일 같아도 시간이 지나고 관점을 달리할 때 그것이 오히려 여러 좋은 날들 속에 찍힌, 색깔이 다른 한 개의 점에 불과하다는 것을 이해할 수 있었습니다. 매주 기쁨을 주던 일에 대해 자주 생각해 보기도 했습니다. 앞으로는 계절과 상관없이 삶의 아름다움을 찾아 가는 일이 얼마나 가치 있고 소중한 건지를 더 배우고 싶습니다."

구급차 안에서 선택하라고?

✒️

영선 님은 구급차로 환자를 이송하는 대원입니다. 상황이 늘 급박하다 보니 환자나 보호자에게 자신의 감정을 표현할 일도 별로 없습니다. 그런데 딱 한 번, 따뜻한 보호자를 만나 환자에게 진심을 표현한 후로 영선 님은 감정을 억누르는 것이 좋기만 한 일인지 고민하게 됐습니다.

영선 님은 구급차에서 환자 이송하는 일을 합니다. 보통 보호자가 먼저 전화를 해서 와 달라고 합니다. 그런데 늘 시간이 촉박합니다. 환자 한 명의 이송이 끝나면 다른 환자를 곧바로 실으러 가야 합니다. 보호자들은 왜 빨리 오지 않냐고 재촉하기 일쑤입니다. 그러다 보니 영선 님은 '죄송합니다'라는 말을 입에 달고 삽니다. 긴박한 상황이 이어지기에 영선 님은 감정을 드러낸 경험이 별로 없습니다. 그랬다가 보호자와 마찰을 빚을지 모른다는 두려움도 있습니다.

그런데 딱 한 번, 영선 님이 환자에게 진심을 전한

적이 있습니다. "천천히 와도 돼요. 괜찮아요." 휴대전화에 대고 또 죄송하다는 말을 하려고 했는데, 의외로 차분한 대답을 들었습니다. 그 보호자 분의 배려 때문이었을까요? 영선 님은 구급차 안에서 그분의 딸인 뇌졸중 환자에게 진심을 표현했습니다. "재활 열심히 하면 돼요. 꼭 나아서 제 손 다시 잡아 주세요." 영선 님은 자신도 모르게 그렇게 말했습니다. 그 뒤에 그 따님을 천운처럼 한 번 더 이송할 기회가 있었습니다. 따님은 건강 상태가 훨씬 더 좋아진 것 같았습니다. 그리고 처음 봤을 때 약속한 것처럼 영선 님의 손을 잡아 줬습니다. 그 뒤 영선 님은 자신의 감정을 계속 억누를지 표현할지 고민하게 됐습니다.

　　보통 영선 님은 구급차 안에서 환자의 보호자들과 통화를 합니다. 상대방이 재촉하고 짜증을 내기 일쑤인 상황입니다. 영선 님은 형식적인 말을 하거나 변명을 반복하게 되기도 합니다. 그러면서 화가 나기도 하고 억울한 감정도 느낄 수 있습니다. 그런데 자신의 감정을 표현하기에는 이송 상황이 너무 긴박합니다. 때로는 몇 분 몇 초에 따라 환자의 생사가 갈리기도 합니다. 영선 님은 그래서 감정을 잘 표현하지 못했습니다.

　　기쁨이나 슬픔 같은 감정을 드러내는 일은 자연스러운 겁니다. 그런데 그것을 억누를 때는 당연히 몸과 마음에 스트레스가 큽니다. 특히 화나는 것을 억제할 때 많이 힘듭니다. 상황의 긴박함 때문에 영선 님의 감정은 표현되지 못하고 속으로만 꾹꾹 쌓이게 됩니다. 보호자의 불만이 이어지지만 대꾸하면 더 큰 일을 겪게 될 수 있어서 감정을 절제해야 하는 것은 또 어쩔 수 없는 일입니다.

그런데 영선 님이 자신의 진심을 환자에게 전하는 색다른 경험을 합니다. 이때 영선 님은 어땠을까요? 기쁘지 않았을까요? 짜증과 화를 마음에 담아 두기 일쑤인 상황에서 드물게 찾아온 귀한 경험이 아니었을까요?

보통 짜증이나 화는 시간이 지나면 약해집니다. 또 기쁜 일이 생기면 약해집니다. 그렇기에 영선 님이 감정을 억누를지 표현할지 미리 정하기보다는 다음과 같이 하면 어떨까 합니다. 우선 짜증이나 화가 나도 어느 정도는 절제합니다. 영선 님 자신의 일을 지속해야 하기 때문입니다. 그런데 기쁨을 표현할 수 있을 때는 오히려 더 표현하면 좋을 겁니다. 왜냐하면 기쁨이 화와 짜증을 약하게 하기 때문입니다. 기쁨의 강도가 짜증보다 더 강할 때는 영선 님이 일을 지속하는 데 오히려 더 큰 힘이 될 수도 있습니다. 그렇기에 영선 님은 진심을 전할 수 있는 상황이 되면 그것을 충분히 전달하는 게 좋습니다. 그리고 나아가 영선 님이 진심을 전할 수 있는 기회를 스스로 만들 수 있다면 어떨까요? 영선 님 자신에게 더없이 좋을 겁니다. 결국 짜증과 화가 약화되면 영선 님은 기뻐지고 또 자존감도 가질 수 있기 때문입니다.

『에티카』 4부 정리 7은 다음과 같습니다.

> "정서는, 억제되는 그 정서와 상반되고 더 강한 다른 정서가 아니고서는 억제될 수도 제거될 수도 없다."

어떤 슬픔이 있습니다. 이것은 더 큰 기쁨에 의해서 제거되거나 억제됩니다. 이처럼 영선 님도 기쁨으로 슬픔을 제거하는 게 좋습니다. 왜냐하면 기쁨을 느낄 때 우리들의 신체 역량은 강화되기 때문입니다. 몸과 마음의 상태가 훨씬 더 좋아질 수 있습니다. 영선 님이 긴박한 상황에서도 기쁨을 획득해 자존감을 유지하며 일할 수 있길 바랍니다.

이야기를 나누고 나서 며칠 뒤 영선 님과 통화하게 되었습니다. 영선 님은 다음과 같은 근황을 전해 줬습니다. "얼마 전에 지하철에서 무거운 짐을 들고 계신 할머니를 도와드린 적이 있어요. 앞서가던 모든 사람들이 할머니에게 신경 쓰지 않더라고요. 그걸 보니 우리 할머니도 어디선가 저렇게 무거운 짐을 들고 계실 때 아무도 도와주지 않겠구나 생각했습니다. 조금만 더 주위를 둘러보고 주변을 도와 줄 수 있는 사람들이 많은 세상이 되었으면 좋겠습니다. 그런 세상의 모습이 제게 큰 기쁨을 줄 것 같다는 생각이 들었거든요."

끝까지 살아남은 명예욕

현미 님은 핫핑크색 핸드백 등 자기와 어울리지 않는다고 생각한 것을 다른 사람이 잘 소화하는 모습을 보면 질투해 왔습니다. 그런데 이제 핫핑크색 핸드백 대신 같은 색의 노트북 가방을 갖는 식으로 나름대로의 대안을 찾아 자기만족을 하게 되었습니다.

현미 님은 핫핑크색 핸드백이 자신에게 어울리지 않는다고 생각합니다. 그 밖에 긴 생머리, 살구색 립스틱, 잔꽃 무늬 원피스 등도 마찬가지입니다. 이런 것은 '청순하고 아름다운 여성'의 전유물 같기만 합니다. 현미 님이 어색하게 여기는 자신의 모습이 또 있습니다. 앞에 나가서 발표하는 나, 주목받는 나, 어딘가의 리더인 나, 좋은 가정에서 자란 남자를 친구로 둔 나 등등.

그런데 현미 님은 자기와 어울리지 않는다고 생각하는 것을 다른 사람이 잘 소화하는 모습을 보면 속이 뒤

틀렸습니다. '저 사람은 왜 저렇게 나서?' 혹은 '저렇게 좋은 가정에서 자란 남자에게 사랑받는다고?'라는 생각을 하며 현미 님은 너무 힘들었습니다. 그러다 요즘 조금씩 바뀌고 있습니다. 살구색 립스틱이 안 어울리면 살구색 노트를 삽니다. 자신에게 어울리지 않는다고 생각하는, 프릴 달린 예쁜 옷은 조카에게 선물하며 대리 만족합니다. 이제 핫핑크색 핸드백이 아니라 핫핑크색 노트북 가방을 들고 다닙니다. 현미 님은 이런 방법도 괜찮은지 알고 싶습니다.

현미 님은 그동안 핫핑크색이 잘 어울리는 사람을 질투했습니다. 왜일까요? 자신도 다른 사람에게 잘 보이고 싶은데, 자기에게는 어울리지 않는 것이 그에게는 잘 어울리기 때문입니다. 핫핑크색 핸드백을 들고 다닐 때 다른 사람들이 예쁘다고 칭찬하면 기쁩니다. 현미 님은 그런 기쁨을 누리기 위해서 타인에게 잘 보이고 싶은 겁니다. 그리고 '발표하는 나', '주목받는 나', '리더인 나' 들도 다른 사람의 관심을 받는 자신의 모습이라고 볼 수 있습니다.

그런데 기쁨을 느끼기가 쉽지 않습니다. 왜냐하면 현미 님은 자신에게 핫핑크색 핸드백이나 잔꽃 무늬 원피스가 어울리지 않는다고 여기기 때문입니다. 또 리더이거나 발표자여서 주목받는 자신의 모습도 낯섭니다. 이렇듯 기쁨을 얻지 못해서 우울합니다. 그런데 어떤 사람들에게는 잔꽃 무늬 원피스가 너무 잘 어울립니다. 더군다나 그 사람은 사회자이면서 리더고, 또 스포트라이트를 받습니다. 이때 그 사람에 대해서 현미 님은 맹렬하게 질투를 느낍니다. 그러면 너무 괴롭습니다.

명확한 계기가 있었던 건 아니지만, 어느 순간 현미 님은 변화를 맞이했습니다. 현미 님은 이제 핫핑크색 핸드백이 아니라면 핫핑크색 노트북 가방을 사고, 주목받는 리더는 아니더라도 어설픈 리더가 되려고 합니다.

왜 이런 변화가 생겼을까요? 다른 사람에게 관심받지 않아도 큰일이 일어나지 않는다는 깨달음을 얻었기 때문은 아닐까요? 사실 현미 님은 다른 사람의 관심을 받아서 기쁨을 얻으려고 했습니다. 그리고 그것이 좌절되면 슬픔을 겪었습니다. 그러나 관심을 받지 않아도 상황이 나빠지지는 않습니다. 이 사실을 알았을 때 어설픈 리더가 돼 보려는 마음이 나온 것 같습니다.

그런데 여기서 또 하나 생각해 볼 것이 있습니다. 현미 님이 사랑받고 싶어 한 것이나 질투한 것은 모두 외부에 원인이 있습니다. 현미 님은 이것들을 변화시키려고 노력합니다. 그래서 이제는 어설픈 리더가 되려고 하거나 핫핑크색 노트북 가방을 사거나 프릴 달린 옷을 조카에게 주려고 합니다. 이는 기존과 비교하면 매우 큰 변화입니다.

여기서 한 걸음 더 나아가 외부적인 것뿐 아니라 내부 원인이 중요하다는 걸 생각하면 어떨까요? 이를테면 현미 님의 가슴이 충만해지는 행동이 무엇인지 찾아보는 겁니다. 그 행동은 외부에 있지 않고 현미 님이 직접 실행하는 것이기에 내적인 것으로 판단할 수 있습니다. 만약 현미 님이 영화를 찍는 행위를 할 때 세상을 다 가진 듯 뿌듯함을 느낀다면 핫핑크색 핸드백이든 노트북 가방이든 상관없이 촬영에 몰두해 거리를 누비고 다니지 않을까요? 또 그림을 그리는 것이 내적 충만함을 준다면 운동복을 입든 프릴 달린 옷을 입든 상관없을 겁니다.

『에티카』 3부 정리 29 주석을 살펴볼까요?

> "오직 사람들에게 기쁨을 준다는 이유로 어떤
> 것을 하거나 하지 않으려는 노력(코나투스)은
> 암비치오라 불린다. 특히 우리가 우리 자신이나
> 다른 사람에게 해를 끼치는 것을 무릅쓰고 대중을
> 기쁘게 하려는 노력에 입각하여 어떤 것을 하거나
> 하지 않으려고 무진 애를 쓸 때[암비치오가
> 나타난다]. [⋯]"

명예욕은 다른 사람의 눈에 들기 위해 어떤 행동을

하거나 피하려는 노력이라고 합니다. 이는 여러 사람에게 사랑받고 싶은 욕심이기도 합니다. 현미 님은 처음에 핫핑크색 핸드백이 자신에게 어울리지 않아 힘들어하다가 외부적인 배치를 바꾸는 단계까지 나아갔습니다. '핫핑크색 노트북 가방', '어설픈 리더' 등이 그겁니다. 여기서 한 걸음 더 나아가 현미 님이 내부 원인으로 행위하는 것을 염두에 둔다면 더 충만한 삶을 살 수 있을 겁니다.

이야기를 나누고, 얼마간 시간이 흐른 뒤에 현미 님은 이런 메시지를 보내왔습니다. "나 지금 괜찮나? 내가 지금 정말 원하는 게 뭐지? 이 두 질문이 저를 바꿨어요. 남에게 보이는 내가 아닌, 내면의 내가 원하는 것에 초점을 맞추게 된 뒤로 원하는 것을 조금씩 해 볼 용기가 생겼어요. 남의 기분을 살피는 대신 나의 마음을 살필 때 스스로가 귀하게 여겨지고 삶이 충만해졌어요. 질투로 속이 뒤틀려 눈물이 날 것 같은 순간이 아예 없다는 건 아니에요. 그런 순간들이 찾아오면 우선 위 질문들로 내 마음을 알아주고 나의 욕구에 집중해요. 결론에 도달하지 않더라도 나 자신에게 관심을 주는 순간들로 삶이 많이 달라지고 풍요로워졌거든요. 남의 꽃밭을 보고 내 꽃밭을 숨기기에 급급하던 시절을 지나, 내 꽃밭을 스스로 가꾸며 사랑할 때 오는 가슴 뻐근한 충만함이 떠오르면 행복해져요."

3-4

꿈을 가진 사람

세무사 시험을 준비하면서 아르바이트를 하는 미희 님은 '네 꿈을
위해 살아라'라는 말을 이해하기 어려웠습니다. 꿈을 위해 살라는
것이 철없는 것처럼 느껴졌기 때문입니다. 그런데 최근 와인 판매
아르바이트를 하면서 변화가 생겼습니다. 와인에 대해 알아보는 것
이 즐겁습니다.

미희 님은 세무사 시험 준비를 합니다. 집안 형편이 넉넉하
지 않아서 아르바이트도 병행합니다. 미희 님이 가장 이해
하기 어려운 말은 "네 꿈을 위해서 살아라"입니다. 현실이
얼마나 팍팍한데, 꿈을 위해 살라는 것은 철없는 말 같기만
합니다. 미희 님이 세무사가 되려는 이유도 꿈을 위한 것이
라기보다 금전적으로 여유 있는 삶을 살기 위해서입니다.

    그런데 최근에 미희 님은 와인 판매 아르바이트를
시작하면서 변화가 생긴 것 같다고 느낍니다. 사장님이 없

을 때는 틈틈이 세무사 시험과 관련된 요점 정리 쪽지를 보곤 했는데 어느 때부터인가 와인에 대해 조금씩 더 알아보려고 합니다. 재미있기 때문입니다. 잘 팔리는 와인의 특징부터 레드와인 포도의 종류인 까베르네 쇼비뇽, 쉬라, 멜롯 등의 이름과 바디감·탄닌감 같은 특징 등을 알아 가는 게 너무나 재미있습니다. 어쩌다가 시작한 와인 판매 아르바이트였지만 이제는 손님이 오면 와인에 대해 신나게 설명을 합니다. 세무사 시험 공부는 억지로 참아 가며 해야 하지만 와인에 대해 알아 가는 것은 정말 즐겁습니다. 이런 경험을 한 미희 님은 '꿈을 위해 살아가는 사람들을 철이 없다고 본 것은 편견이지 않을까'라는 생각이 퍼뜩 들었습니다. 그래서 이와 관련된 조언을 듣고 싶습니다.

자신이 좋아하는 행위를 죽기 전까지 계속하다가 삶을 마무리할 수 있다면 어떨까요? 이는 최상입니다. 억지로 해야 하는 것만을 하다가 생이 다 가 버린다면 만족스럽게 살았다고 하기 어렵습니다. 여러분은 어떻게 살고 싶은가요? 하기 싫은 것을 억지로 계속하다가 삶을 마무리하고 싶은 사람은 별로 없을 겁니다. 물론 현실적인 문제로 자신이 좋아하는 행위를 지속하면서 사는 사람이 그리 많지는 않습니다. 그래도 자신이 좋아하는 것을 하면서 살기 위해 노력해야 하지 않을까요? 그래야 더 행복한 시간을 보낼 수 있기 때문입니다.

　세무사와 와인 판매인 사이에 우열이 있을까요? 어떤 사람이 와인에 대해 설명할 때 기쁘다면, 그 행위를 지속하면서 생활하면 만족할 겁니다. 또 어떤 이는 아픈 사람을 치료하는 행위를 계속하면서 살아가는 삶이 만족스러울 겁니다. 사진을 찍거나 그림을 그리거나 소설을 쓰는 등 자신을 기쁘게 하는 행위가 어떤 건지를 알고, 그것을 실제로 행하면서 살 수 있으면 좋습니다.

　그러나 현실적으로 자기가 좋아하는 일을 하며 살아가는 사람이 그리 많지는 않습니다. 그렇다고 우리가 하고 싶은 행위가 아니라 다른 사람들이 '좋은 거야'라고 생각하는 종류의 행위들만 지속하고 산다면, 이는 진정으로 행복하게 살 수 있는 길은 아닙니다.

　미희 님은 세무사가 되려고 공부해 왔습니다. 이는 타인들이 세무사라는 직업은 안정적이고 좋은 직업이라고 인정하기 때문에 자신도 그렇게 생각하고 했던 행동일 가능성이 큽니다. 그러다 아르바이트를 하면서 와인에 대해서 알아 가고, 또 손님들에게 설명해 주는 것에 재미를 붙입니다. 이 경험을 통해 '현실'을 보는 시선을 좀 더 열어 보면 어떨까 생각하게 됩니다. 만약 재미있게 와인을 설명해 주면서 평생을 살아갈 수 있다면 어떨까요? 만일 힘들어도 계속 세무사 시험을 준비해서 세무사가 된다면, 미희 님은 어떤 삶을 살게 될까요? 당장 판단하기는 어렵지만, 결국 최상의 삶은 자신이 즐거움을 느끼는 행위를 지속하면서 사는 게 아닐까 싶습니다.

미희 님은 말합니다. "세무사 공부를 하면서도 지금 내가 하고 있는 게 예전부터 하고 싶었던 건가라는 의문이 들 때도 많습니다. 하지만 와인을 공부하면서 중요한 것은 확신을 갖는 거라고 생각했습니다. 길을 잘못 들었을 수도 있고, 좀 느릴 수도 있지만 내가 걷는 길과 미래에 대한 확신을 가진다면 좋은 결과물이 나타날 겁니다. 이런 확신을 가질 때 '꿈'을 가진 사람이 되는 것이 아닐까요?"

미희 님이 와인에 대해서 알아 가고, 손님들에게 신나게 와인 설명을 해 준다고 해서 '와인 판매자'의 길에 들어선 거라고 볼 수는 없습니다. 그렇지만 이제 미희 님은 꿈을 가지고 펼치며 사는 사람들을 철없는 사람, 혹은 현실을 모르는 사람이라고 생각하지 않을 것 같습니다. 세상에는 하나의 현실만 존재하지 않습니다. 숱하게 많은 사람들이 숱하게 많은 각자의 현실을 마주하며 살아갑니다. 미희 님이 이런 사실을 염두에 두면서 또 즐거운 일을 찾는다면 다른 사람들을 평가하는 시선으로 보지 않을 겁니다. 다양한 현실을 보는 시선을 점차 획득해 간다면 점점 더 적합하게 생각하는 능력을 갖춰 갈 겁니다.

『에티카』 4부 정리 27은 다음과 같습니다.

> "우리가 좋음이나 나쁨이라고 확실하게 아는
> 것은, 진정으로 인식으로 인도하는 것이나 우리가
> 인식하지 못하도록 방해할 수 있는 것뿐이다."

이 말의 뜻은 무엇일까요? 적합한 생각을 가질 경우 인식에 도움이 되는 것을 자신에게 유익하다고 생각한다는 뜻입니다. 미희 님이 꿈을 가진 사람을 철없는 사람으로 생각할 때 그것은 미희 님에게 도움도 이익도 되지 않습니다. 반대로 미희 님이 그들을 다양한 현실 중 하나의 현실을 찾아 살아가는 사람들이라고 생각한다면 미희 님이 생각하는 데 도움도 되고, 실질적으로 이익도 됩니다. 왜냐하면 그만큼 폭넓은 시야를 갖게 되고, 이를 통해 세상을 더 잘 살아갈 수 있기 때문입니다. 그렇기에 미희 님이 앞으로 더 적합하게 생각하며, 이성적인 인식 능력을 얻기 위해 노력하면 좋겠습니다.

할 수 있다는 거짓말

🖋

수연 님은 한 살 많은 친오빠가 우울증과 공황장애 때문에 집에만 있는 것이 걱정입니다. 위태로워 보이는 오빠를 일어서게 하고 싶지만 대학 생활 때문에 바쁜 데다가 오빠의 예민한 심기를 건드릴까 봐 걱정스럽습니다.

수인 님은 한 살 많은 친오빠 때문에 걱정입니다. 오빠가 우울증과 공황장애를 겪으며 다니던 학교도 자퇴하고, 몇 년째 제대로 된 직장도 다니지 않고 집에만 있기 때문입니다. 무엇보다 가장 큰 문제는 오빠에게 의욕이나 의지가 없다는 겁니다. 형편도 어려운데 적극적으로 구직 활동이나 공부를 하지 않으니 지켜보는 입장에서 너무 답답한 심정이지만, 안 그래도 예민한 오빠의 심기를 건드릴까 봐 어떻게 얘기해야 할지 모르겠다고 합니다. 수인 님은 지방에서 올라와 서울에서 대학을 다니고 있는데, 오빠가 걱정이 되어도 해야 할 일이 많아 오빠를 살피기는 어려울 정도로 바쁩니다. 수인 님은 위태로워 보이는 오빠를 어떻게 하면 다시 일어서게 할 수 있을지 알고 싶어 합니다.

수인 님 본인의 문제가 아니라 오빠의 문제라 고민이 더 클 듯합니다. 오빠를 믿고 무작정 기다려 줄 수도, 아예 무관심해질 수도 없습니다. 아픔을 겪고 있는 예민한 오빠에게 다가가기가 쉽지 않은 것도 문제입니다. 수인 님은 어떻게 오빠의 의욕과 의지를 다시 잡아 줄 수 있을까요? 우선 의지에 대한 스피노자의 말을 들어 보겠습니다.

스피노자는 『에티카』 1부 정리 32에서 다음과 같이 말합니다.

> "의지는 자유 원인이라 불릴 수 없으며, 단지 필연적 원인이라 불릴 수 있다."

말이 어렵습니다. 풀어 보자면 의지를 갖고 하는 우리의 행동은 스스로, 그러니까 자발적이나 자연적으로 발생하는 것이 아니라 필연적으로 외부의 원인이 있어야 한다는 것으로 이해할 수 있습니다. 바람이 불어 파도가 친다고 하면 파도는 바람이라는 필연적 원인에 의해 발생된 겁니다. 즉 일어난 파도는 바람이라는 필연적 원인을 동반합니다. 그렇다면 우리가 가진 '하고자 하는 의지'는 필연적 원인이 있어 생긴다는 결론이 나옵니다.

만약 쇼핑몰에서 옷을 하나 선택했다면 그 행위는 내 의지가 아니라 그 옷을 선택하게 만든 과거의 어떤 원인들에 의해 결정된 행위라는 겁니다. 언젠가 SNS에서 그 옷을 보고 마음에 든 적 있거나, 누군가 그 옷을 입고 지나갈 때의 모습이 맘에 들었거나, 친구가 어울린다는 색상과 일치하는 옷이거나 하는 식으로 과거의 어떤 원인들이 모여 그러한 선택을 하게 됩니다. 그러므로 의지는 행위에 앞선 인식, 즉 내가 지금 하는 행위의 원인들에 대한 인식이라고 이해하면 좋을 듯합니다. 따라서 해야 할 이유가 강할수록 의지도 강해집니다. 그 원인을 이성적이고 합리적으로 파악할수록 우리는 참된 생각을 가집니다.

같은 책 1부 정리 32 증명을 보겠습니다.

> "〔…〕 각각의 의지 작용은 어떤 원인에 의해 규정된다는 것을 조건으로 해서만 실존하고 작업하도록 규정될 수 있는데, 이 원인 역시 다른 원인에 의해 규정되고, 이처럼 무한하게 계속된다. 〔…〕"

돈을 벌겠다는 의지는 충만한데 무엇을 해야 하는지 그 이유에 대한 인식이 없다면 의지는 행위나 작용으로 결정될 수 없습니다. 그렇게 된다면 수많은 방해에 부딪힐 때마다 우리의 의지는 꺾이고 말 겁니다. 남을 탓하게 되거나 상황이 안 좋아서라고 핑계를 대는 이유입니다. "난 담배를 끊겠어!" 혹은 "난 올해 꼭 다이어트에 성공할 거야!"라며 의지를 불태우지만 작심삼일로 끝납니다. 담배를 계속 피우거나 살이 찌는 원인에 대한 정확한 인식이 없기 때문입니다. 즉 우리를 움직이게 한 이유를 아는 것이 의지의 작용입니다.

우리는 어떨 때는 의지박약이라는 말을 듣기까지 합니다. 정말 그럴까요? 이미 말했듯 의지는 정신력의 문제가 아닙니다. 작심삼일이라고 자책할 필요는 없습니다. 의지가 약하다고 스스로를 탓할 필요도 없습니다. 꼭 해야만 하는 이유가 없다면 의지도 욕망도 없을 것이고, 그렇다고 해서 우리가 잘못 사는 것은 아닙니다. 하여, 우리가 해야 할 것은 나를 움직이게 하는 강력한 바람을 인식하고 그것을 행위로 가게 하는 이유를 찾아 보는 겁니다. 정리를 못 하는데 깨끗한 공간에서 지내고 싶은가요? 그러면 그 원인을 먼저 파악해 보고, 사소한 행동부터 바꿔 가는 것은 어떨까요? 자고 난 뒤 이부자리 정리, 책상 정리, 입지 않는

옷 버리기, 컴퓨터 폴더 정리 같은 일 말입니다.

　　무엇보다 의지는 정신력이 아닌 인식의 확보입니다. 그렇다면 수인 님이 오빠를 도와줄 방법은 무엇일까요? 오빠를 다시 일어서게 하는 요인이 무엇일지 함께 고민하는 겁니다. 그러면서 동시에 오빠가 행동을 잘 해야 할 만한 이유를 스스로 찾아 가도록 도와주는 게 최선이 아닐까 합니다.

　　대화를 마무리해야 할 때쯤, 수인 님은 다음과 같이 말했습니다. "예민한 오빠의 심기를 건드릴까 봐 알맹이 없이 마음에도 없는 말을 하곤 했어요. 그런데 사실 저도 힘들 때 친한 친구에게는 어리광을 부리고 싶고, 또 위로를 받고 싶어하는 것 같아요. 아무 때나 투정을 부릴 수 있는 친한 친구가 있다는 생각에 힘들어도 기쁘게 하루를 보낸 경험이 있어요. 그런 걸 생각해 보면 오빠도 투정을 들어줄 친구가 필요한 것이 아닐까 싶어요. 매일매일 안부를 물어 오는 친구처럼 저도 그런 동생이 되어 보려 해요."

상황을 뒤집어 보고, 찔러 보고, 까 보자

윤찬 님은 친한 친구와 한 회사의 같은 부서에서 업무를 함께 하게
됐습니다. 그런데 자신이 친구에게 조금씩 생기는 불만을 참고 있
다는 사실을 알게 되었습니다. 친구에게 일하는 방법을 개선할 생
각이 있는지 물어보았지만, 친구는 변하지 않고 오히려 윤찬 님이
예민하다는 반응을 보였습니다.

윤찬 님은 평소 친하게 지내는 친구와 한 회사에 다니게 됐
고, 올해 들어 같은 부서가 돼서 업무를 함께 했습니다. 친
구의 일 처리 방식에 큰 문제는 없었습니다. 그러나 윤찬
님은 어느 때부터인가 자신이 불만을 참고 있다고 느꼈습
니다. 어느 날은 친구에게 일하는 방법을 개선해 볼 생각은
없는지 물어봤습니다. 그러자 친구는 그럴 생각이 없으며
윤찬 님이 오히려 신경과민이라고 했습니다. 친구에게는
변화가 없었습니다.

그렇게 매일 불만을 갖고 지내던 어느 때인가 윤찬

님은 번뜩 생각했습니다. '왜 친구를 내 입맛에 맞게 바꾸려고 했을까? 이왕 함께 일하는데 친구의 방식을 그대로 받아들이는 게 바람직하지 않을까?' 그렇게 마음을 고치니 놀랍게도 친구에게 아무런 문제가 없는 것 같았습니다. 이 상태에서 윤찬 님은 자신의 업무를 가장 효율적으로 할 수 있는 방법을 모색하게 되었습니다.

윤찬 님이 친구와 함께 일하면서도 불만족스러운 이유가 무엇이었을까요? 친구가 내 방식대로 일을 했으면 좋겠는데 그렇지 않기 때문입니다. 윤찬 님은 왜 친구가 자신을 따라 주길 원했을까요? 자신의 방식이 효율적이라는 판단 때문이 아닐까요? 그런데 진짜 윤찬 님의 것이 효율적일까요? 친구의 반응을 보면 꼭 그렇지는 않은 것 같습니다. 윤찬 님은 은연중 자신이 옳고 다른 이는 틀리다는 생각을 해 왔던 게 아니었을까요? 만약 그렇다면, 이는 과연 옳은 걸까요?

어떻게 일하는 게 효율적인지 기준이 명료하게 제시되지 않은 상태에서 누구의 방법이 최선이라고 말하기는 쉽지 않습니다. 우리가 산에 오른다고 해 봅시다. 계곡 길로 가면 가팔라서 힘들지만 빠르게 정상에 도달할 수 있습니다. 능선 길은 완만하고 시야가 넓게 펼쳐져 경치를 감상하기 좋지만 정상에 도착하려면 시간이 오래 걸립니다. 두

길 중 어떤 것이 좋다고 말하기가 쉽지는 않습니다.

윤찬 님이 변화한 지점은 친구를 그대로 인정하겠다고 생각한 때입니다. 윤찬 님은 그런 생각을 하자 불만족이 감쪽같이 사라졌다고 합니다. 부정적인 감정이 해소됩니다. 왜 이렇게 됐을까요?

윤찬 님은 평소에도 한 번 정해진 자신의 생각을 바꾸기 어려워했습니다. 그것 때문에 힘들 때마다 어머니는 '인정을 해야 앞으로 나아갈 수 있다'라는 말을 자주 해 줬다고 합니다. 윤찬 님은 말합니다. "처음에는 제가 다른 사람을 인정하지 않는다는 사실조차 인정하고 싶지 않았습니다. 그러나 시간이 지나고 새로운 경험을 하며 인정을 잘하지 못하는 저 자신을 알게 되었습니다. 그러고 나니 제 모습도 받아들일 수 있게 되었고, 어떤 일을 할 때 이상적인 기준에 미치지 못하더라도 괜찮다고 생각했습니다. 그러면서 다음 단계를 밟아 갈 용기도 생겼습니다. 제가 생각하는 하나의 이상적인 기준과 방법에만 매몰되지 않고 다른 방법들을 고려할 수 있게 되었습니다."

윤찬 님은 어머니의 조언을 되새기고, 또 성찰의 시간을 가진 뒤에 나름대로 자신과 친구의 업무에 대해서 숙고했을 겁니다. 이렇게도 생각해 보고, 저렇게도 생각해 봅니다. 뒤집어 보고, 찔러 보고, 까 보는 등 여러 각도로 생각하려고 노력합니다. 그런 뒤 자신의 생각만 맞는 것은 아니라는 생각에 도달했을 것 같습니다.

이는 곧 윤찬 님 자신의 방법도 친구의 방법도 다 인정하고 수용해서 일을 하겠다는 말로 이해됩니다. 이때 훨씬 더 일이 잘되지 않을까요? 즉, 윤찬 님이 어떤 프로젝트를 맡는다면 전체 그림을 이전보다 더 잘 이해하고 업무를 하게 되지 않을까요? 산 정상에 오르는 길은 계곡 길, 능선 길, 제3의 길, 제4의 길 등 여러 가지가 있을 겁니다. 윤찬 님이 그 길들을 하나씩 더 알아 갈수록 자연에 대한 이해력이 커집니다. 이는 더 유능해진다는 뜻이기도 합니다. 능력자가 되는 첫 단추는 함께 일하는 동료에 대한 이해와 인정입니다.

스피노자는 자연이 절대적으로 무한하다고 했습니다. 이는 무수하게 많은 특성이 있다는 뜻입니다. 이 중에서 한 개의 특성만 알고 그치는 것보다 여러 특성을 하나하나씩 더 알아 가겠다고 생각하는 것이 자신의 능력을 키울 수 있는 길입니다. 물론 한 개의 특성도 그 자체로 우주라고 볼 수 있을 정도로 복합적일 겁니다. 그렇기에 다양한 특성을 전부 인식하기는 그만큼 어렵겠지만 그래도 우리들의 지성으로 하나씩 알아 갈 수 있습니다. 윤찬 님은 이제 상황을 더 잘 이해하는 길의 초입에 섰다고 볼 수 있습니

다. 어떤 사건에 대해 적합한 인식을 얻기 위해 노력한 덕
분입니다.

『에티카』 3부 정리 59 주석을 볼까요?

> "[…] 관대함은, 각자가 오직 이성의 인도에 따라
> 다른 사람들을 돕고 그들과 우정으로 연결되려고
> 노력하는 욕망으로 이해한다. [⋯]"

윤찬 님이 이전보다 좀 더 관대함을 가진 사람이 될
수 있다면 이는 자신만 맞는다고 생각하지 않았기 때문입
니다. 이제는 친구를 인정하고 수용할 수 있는 힘이 생겼
고, 이는 이성적으로 생각하는 능력이 더 갖춰진 덕분입니
다. 친구에 대해 관대함을 갖게 된 것을 계기로 윤찬 님은
친구의 길을 포함하여, 목표를 이루는 방법이 여러 가지임
을 알아 갈 겁니다. 이를 통해 이전보다 능력 있고, 더 지혜
로운 사람이 될 거라고 생각합니다.

3-7

왜 뜸 들이는 시간이 필요할까?

✒

**가연 님은 대학 졸업반 학생입니다. 1년 휴학을 했더니 휴학하지
않았던 친구들이 이미 직장인이 되어 있었습니다. 친구들과 카페에
서 만나 이야기를 나누는데, 업무와 상사 이야기를 하는 친구들 사
이에 낄 수 없어 스스로가 너무 작아 보인다는 느낌이 들었고 급하
게 자리에서 일어났습니다.**

가연 님은 대학 졸업반입니다. 지난 주에 먼저 취업한 동기
들을 만났습니다. 친구들은 멋진 직장인이 돼 있었습니다.
가연 님은 고작 1년 휴학했을 뿐이라고 생각했는데 자신
과 친구들의 처지는 천지 차이였습니다. 친구들은 거인처
럼 커 보이고 스스로가 난쟁이처럼 작아진 느낌을 지울 수
없었습니다. 친구들은 회사 업무, 상사에 대해서 이야기를
하는데 가연 님은 꿀 먹은 벙어리가 된 듯했습니다. 그래서
갑자기 급한 일이 있다는 핑계를 대고 카페에서 서둘러 나
왔습니다.

가연 님은 자취방 책상에 멍하니 앉아 있다가 문득 밥을 지어야겠다는 생각이 들었습니다. 방에는 전기밥솥이 있습니다. 밥을 안치고 백미 취사 버튼을 누릅니다. 20분 정도면 밥이 완성됩니다. 뜸 들이는 시간을 포함해서 그렇습니다. 완성 10분 전에 '뜸 들이기를 시작합니다'라는 멘트가 나옵니다. 3분 전에는 '증기 배출이 시작됩니다'라고 합니다. 그리고 마지막으로 밥을 완성했으니 잘 저어 달라고 말합니다. 밥솥 뚜껑을 열어 보면 윤기 도는 쌀밥이 완성돼 있습니다. 맛있는 밥을 완성하기 위해서 이처럼 뜸 들이는 시간이 필요한 것처럼, 가연 님은 지금이 자신의 뜸 들이기 단계이며 가장 중요한 시기라고 애써 생각하며 마음을 다스립니다. 이렇게 생각해도 괜찮을지 궁금합니다.

우선 가연 님이 왜 휴학을 했는지가 중요할 것 같습니다. 학교 다니는 것이 벅차서였을까요? 이런 경우는 충분히 휴식을 취하고 나서 다시 학교로 돌아가면 됩니다. 가연 님이 스스로 이야기한 것처럼 뜸 들이는 시간을 가졌다고 생각하고 말입니다. 나중에 더 맛있는 밥을 짓기 위한 과정으로 여기면 됩니다. 어떤 학생은 마지막 학기에 20학점이 넘게 수강을 하고, 졸업 작품도 만들고, 또 팀 프로젝트도 하면서 자신의 능력을 최대한 발휘했습니다. 그러면서 취업에도 성공했습니다. 이처럼 후반부에 일이 잘 되는 경우도 있기에 휴학을 했다고 초조해할 필요는 없습니다.

가연 님이 만약 학과 공부가 적성에 맞지 않아서 진로에 대한 고민으로 휴학했다면 어떨까요? 이 경우에도 휴학 기간을 자신의 적성을 찾는 과정으로 생각하면 됩니다. 앞으로 오랫동안 할 수 있는 일이 무엇인지 찾는 시간인 것이지요. 1년을 투자해서 앞으로 계속할 수 있는 일을 찾는다면 손해는 아니라고 판단됩니다. 이 밖에도 경제적 사정, 가내사 등도 휴학의 이유가 될 수 있습니다.

무엇보다 가연 님이 휴학한 이유를 확실하게 정리해 두는 게 중요합니다. 이유가 명확하다면 가연 님이 복학을 하더라도 흔들리지 않고 앞으로 남은 학업을 수행할 수 있기 때문입니다. 그런데 가연 님은 이미 휴학 기간을 '뜸 들이는 시간'으로 생각하고 있습니다. 뜸 들이는 시간의 중요성을 가연 님 스스로 잘 알고 있는 듯합니다. 훨씬 더 윤기 흐르고 맛 좋은 밥을 완성하기 위해 빼놓을 수 없는 과정이 바로 '뜸 들이기'지요. 이미 직장인이 된 친구들이 자신보다 훨씬 더 큰 사람이 돼 있는 것 같고, 자신은 한없이 작고 초라한 것 같은 상황에서 가연 님이 '뜸 들이기'의 중요성을 알아차린 것은 대단한 통찰력이라는 생각이 듭니다. 핵심은 '상황' 자체가 아니라 그것을 어떻게 바라보느냐가 아닐까요?

흔히 사람들이 "나잇값을 해야 해"라고 말할 때, 그 말은 나이 또래에 맞는 행동도 해야 하고, 사회적 위치를 가져야 한다는 뜻으로 들립니다. 그러나 생각해 보면 그 시기는 개인마다 다릅니다.

『에티카』 4부 정리 26은 다음과 같습니다.

> "우리가 이성에 의해 추구하는 것은 모두,
> 인식하기와 다르지 않다. 또한 이성을 사용하는
> 한에서 정신은, 인식으로 인도하는 것만을
> 자신에게 유용한 것으로 판단한다."

이는 이성의 힘으로 상황을 정확하게 판단하는 것이 우리들에게 유익하다는 뜻으로 생각할 수 있습니다. 우리가 어려운 상황에 처하면, 우선 사건을 정확하게 파악하는 것이 가장 중요합니다. 이때 이성의 능력을 갖고 있으면 전체 그림을 명료하게 아는 데 도움이 됩니다. 그러면 이렇게 그려진 큰 그림은 또 우리들이 어떻게 행위를 해 나가야 할지 지침을 제공합니다.

가연 님은 취업한 친구들의 상황과 아직 학생인 자신의 처지를 알고, 그 상태에서 더 잘 살아갈 수 있는 방법을 통찰합니다. '뜸 들이기'가 바로 그겁니다. 이런 상태면

나잇값을 해야 한다는 말에도 크게 영향받지 않고 자신만의 스텝으로 한 발 한 발 나아갈 수 있을 겁니다.

대화를 정리할 때쯤 가연 님은 다음과 같은 말을 들려 줬습니다. "예전에 담임 선생님께서 우리에게 감사하는 법에 대해 알려 주신 적이 있어요. 멘탈을 보살피는 법이었지만 지금 생각해 보면 인생에서 아주 도움이 되는 습관 같아요. 정말 힘든 하루 중에도 내가 맛있는 음식을 먹을 수 있는 것, 친구들과 같이 공부할 수 있는 것 등에 감사하는 일이었어요. 정말 힘든 상황에서도 내가 가진 것들에 대해 감사하는 법을 알려 주셨어요. 먼저 취업한 동기들이 있다는 것도 나중에 도움이 될 수 있잖아요. 그걸 감사함으로 바꾸어 보려고 해요."

좋아 보이는 것 하다가 발목 잡힐라

미대생인 지혜 님은 최근 자신이 디자인을 좋아하지는 않는다는 깨달음을 얻었습니다. 자신을 객관적으로 바라보는 습관 덕분에 디자이너가 아닌 다른 진로를 선택해야겠다는 판단을 할 수 있었던 겁니다. 이제 지혜 님은 자신의 '객관화 습관'을 믿어도 될지 궁금합니다.

지혜 님은 요즘 들은 강의에서 기억나는 말이 있습니다. '좋아하는 일'과 '좋아 보이는 일'을 혼동하지 말라는 것이었습니다. 지혜 님은 미대생입니다. 그녀에게 디자이너는 '좋아 보이는 일'입니다. 회사에서 일하는 디자이너들은 옷이나 전자제품, 생활용품 등을 디자인합니다. 지혜 님에게는 이것이 좋아 보입니다. 그런데 거기까지입니다. 지혜 님은 자신이 그 일을 좋아하지는 않는다는 것을 깨달았습니다. 어떻게 그게 가능했을까요? 지혜 님은 자신을 객관적으로 바라보는 게 습관이 돼 있습니다. 이는 자신의 생각이

나 느낌을 있는 그대로 알아차리는 연습이 돼 있다는 뜻입니다. 그래서 자신에게 어떤 게 적합한지 선별할 수 있습니다. 그 결과 디자이너 말고 다른 방향을 선택하겠다는 판단이 섰습니다. 그런데 지혜 님은 자신의 '객관화 습관'이 정말 믿을 만한 건지 알고 싶습니다.

　　지혜 님이 한 말 중 '좋아하는 일'과 '좋아 보이는 일'에 대한 생각은 흥미롭습니다. 좋아하는 일이란 무엇일까요? 자신의 본성과 일치한다는 뜻이 아닐까요? '자신이 어떤 것을 할 때 가장 자신답다고 느끼는가' 하는 질문에 답이 되는 것이 자신의 본성이라고 이해해 봅시다. 이를테면 어떤 사람은 자기 생각을 잘 정리해서 사람들 앞에서 발표할 때 가장 큰 기쁨을 느끼고, 해야 할 일을 진짜로 하고 있다고 느낍니다. 다른 사람은 세심하게 조각을 할 때 본래의 자신이 된 것 같다고 느낍니다. 또 다른 사람은 작곡할 때 참다운 자신과 만나는 것 같습니다. 그 일은 사람마다 다릅니다. 지혜 님이 말하는 '좋아하는 일'은 바로 이런 상태를 불러일으키는 일이라고 생각됩니다.

　　반면에 '좋아 보이는 일'이 있습니다. 이는 자신의 본성에 일치하는 것은 아닙니다. 그렇다면 왜 좋아 보일까요? 다른 사람들이 그렇게 보기 때문입니다. 그 일을 해서 돈을 많이 번다든가 이름을 널리 알릴 수 있다든가 하는 이유로 말입니다. 이럴 경우, 자신의 본성에서 멀어진 만큼 힘들 수 있습니다. 그렇기에 우리는 좋아 보이는 일보다는 좋아하는 일을 하면서 생활할 때 더 행복합니다. 또 자신의 본성에 합치하는 일을 할 때 우리는 능동적으로 움직입니다. 능동적인 행위는 사건이나 현상의 원인에 대해서 잘 알 때 가능하기 때문입니다. 이때 우리는 작용을 받는 게 아니라 작용을 합니다. 제안하는 사람, 어떤 일을 구성하는 사람이 됩니다. 그러면 행위 역량이 더 커지고 기쁨을 느낍니다. 이때 더 많은 것을 알 수 있으니 다른 때보다 유능하다고 볼 수 있습니다.

지혜 님은 자기 객관화가 습관이 돼 있다고 했습니다. 그런데 이 습관은 지혜 님 자신도 모르는 어느 때부터인가 시작되었다고 합니다. 감정에 휘둘려서 힘들 때 자기도 모르는 사이에 무의식적으로 균형을 잡으려고 그랬던 것이 아닐까 추측해 봅니다. 지혜 님은 감정을 다스리는 방법으로 '자기 객관화'를 사용한 겁니다.

스피노자는 『에티카』 4부 정리 52에서 다음과 같이 말합니다.

> "자족감은 이성에서 생겨날 수 있으며, 이성에서 생겨나는 만족감만이 존재할 수 있는 최고의

만족감이다.”

　위 말은 어떤 뜻일까요? 이성적인 인식에 따라 행동하면 스스로 만족한다는 말입니다. 이때 기쁨이나 슬픔 같은 감정을 제어하면서도 동시에 능동적으로 행위할 수 있습니다. 즉 자기의 내부 원인으로 어떤 일을 해 나갈 수 있다는 뜻입니다. 이러면 당연히 보람을 느낍니다. 우리가 ‘좋아 보이는 일’보다 ‘좋아하는 일’을 해야 하는 까닭은 결국 우리의 행동 능력이 증대되고 더 행복하게 살 수 있기 때문입니다. 지혜 님의 객관화도 결국 행복으로 가는 하나의 방법입니다. 지혜 님의 객관화가 얼마나 완벽한지 확인할 필요는 없습니다. 단지 그것을 통해서 감정에 휘둘리지 않고 더 능동적으로 일을 구성해 내는지 더 섬세하게 살펴보면 됩니다. 그렇게 되고 있다면 ‘객관화 습관’은 지혜 님에게 큰 이익을 주고 있는 겁니다.

　지혜 님은 말합니다. “친구들을 실컷 만나고 난 후 집으로 돌아와서 방에 혼자 있을 때 뭔지 모를 외로움이 느껴지는 것 같아요. 친구들이 많은 것 같다가도 혼자 있으면 외로운 그 느낌을 지우기 위해 연애를 많이들 하는 것 같고요. 그렇지만 이 외로움에 익숙해지고, 자기 자신을 돌아보는 시간을 가지는 것도 좋다고 생각해요. 집에 돌아와서 저의 감정을 정리하는 일기를 써 보고, 제가 부족한 점은 무엇인지 생각하여 다음 날을 채워 나가는 식으로 생활하다 보니 저 스스로 많이 성장하는 것 같거든요. 이것이 저를 능동적으로 스스로의 본성에 일치시켜 가는 일이 아닐까 생각해요."

쓰고 나서 찢어 버려야 하는 이유

진선 님은 누군가로부터 상처받았을 때 상대방을 용서하는 방법을
터득했습니다. 자신에게 상처를 준 사건에 대해 있는 그대로 적고,
상대방의 행동이 어떤 영향을 미쳤는지 편지를 쓰는 겁니다. 그리
고 그 편지를 찢어 버립니다.

진선 님은 상처받았을 때 상대방을 용서하는 방법을 터득
했습니다. 첫째 자신의 상처, 아픔 등을 있는 그대로 '이해
하기'입니다. 일기장에 겪은 일을 적습니다. 그리고 자신과
상대방 사이에 일어난 일을 그것 그대로 압니다. 그 과정에
서 분노를 느끼거나 화가 나도 감정을 억누르지 않습니다.

두 번째는 상대방이 한 행동이 자신에게 어떻게 상
처가 됐고, 왜 화나게 됐는지 편지를 씁니다. 그리고 아직
남아 있는 상대방에 대한 좋은 감정까지도 모두 적습니다.
편지를 다 쓰고 나면 찢어 버립니다. 그러면 안 좋은 감정

을 다 떨쳐 버리는 치유 효과가 있어서 용서하는 데 큰 도움이 됩니다. 이렇게 상대를 용서했지만, 상대방이 사과할 것을 기대하지 않습니다. 자신의 치유를 위해서 용서했기 때문입니다. 진선 님은 이런 방법이 괜찮은지 궁금합니다.

우선 진선 님이 자신과 상대방 사이에 일어난 일을 명확하게 알고 사건의 전체 모습을 파악하려는 태도는 중요합니다. 그 사건이 일어났을 때 진선 님이 어떤 말과 행동을 했는지, 상대방은 어떻게 했는지, 그 외에 다른 외부적인 이유들을 살펴보는 겁니다. 그렇게 그 일에 대한 원인을 파악하면 그 사건을 보다 잘 이해할 수 있습니다.

진선 님이 편지를 써서 자신의 감정을 다 표현하는 것도 좋은 방법입니다. 감정은 억압할수록 기승을 부립니다. 그래서 자연스럽게 표출해서 사라지게 하면 찌꺼기가 남지 않고 진선 님 스스로도 마음이 깨끗해집니다. 진선 님은 상대방이 자신에게 상처 준 일을 적으면서 화가 나고 슬플 겁니다. 그러나 상대방에 대한 좋은 감정을 적을 때는 또 기분이 좋아집니다. 슬프기도 하고 기쁘기도 한 것을 그대로 두면 다 흘러가서 사라져 버립니다. 그때 진선 님은 홀가분해지겠지요.

진선 님은 상대방이 자신에게 상처를 줘서 화가 났습니다. 사실 분노는 나쁜 행동을 한 사람에 대한 미움입니다. 미움을 지니고 있는 사람은 슬픔 상태에 있습니다. 이 때 기분도 좋지 않고 활동 능력도 약해집니다. 그러면 어떤 일을 잘해 나가기 쉽지 않습니다. 이는 자신에게 이익이 되지 않습니다. 그렇기에 분노가 자신에게 머무르는 기간을 단축하는 게 바람직합니다. 그래서 진선 님이 상대방을 빨리 용서할수록 더 지혜로운 행동을 했다고 판단할 수 있습니다.

용서는 진선 님 자신을 살리는 방법입니다. 더불어 상대방을 살리는 것이기도 합니다. 진선 님이 계속 분노한 상태에 있다고 가정해 볼까요? 이때는 상대방도 계속 진선 님을 나쁜 상태로 있게 하는 원인 제공자가 되는 겁니다. 그렇기에 진선 님이 용서를 빨리하면 할수록 자신도 좋고 상대방을 '나쁜 사람'으로 만들지 않을 수 있습니다. 용서는 일석이조의 효과가 있는 셈입니다. 그렇기에 진선 님의 용서법은 훌륭합니다. 상황 이해하기, 자기 감정 표현하기. 이 둘을 사용해 용서를 실천했다는 것이 대단합니다.

진선 님은 상대방의 좋은 점도 적는다는 이야기도 했습니다. 이것이 굉장히 중요합니다. 지금은 진선 님이 상대방에게 상처받았다고 생각한 지 얼마 되지 않습니다. 물론 상처받은 초기에는 좋은 감정보다 분노의 크기가 클 겁니다. 그러나 시간은 흐르고, 상처받은 일이 희미해질 때가 결국 옵니다. 시간이 많이 흐른 시점에서 진선 님이 상대방에 대해 느끼는 분노가 이를테면 10이라고 하고, 좋은 감정이 10이라고 가정해 봅시다. 이때 상대방은 그렇게 나쁜 사람으로 기억되지는 않을 겁니다. 10과 10이 동등하니까요. 그런데 혹시 더 나아가 상대방에 대한 분노 10, 좋은 감정 12인 상태가 된다면 어떨까요? 이는 상처가 희미해지는 것을 넘어, 상대방을 괜찮은 사람으로 기억하는 데까지 도달한 겁니다.

『에티카』 3부 정리 43을 봅시다.

> "미움은 상대방의 미움에 의해 증대되지만,
> 상대방의 사랑에 의해 제거될 수 있다."

미움은 다른 미움을 낳습니다. 다른 미움이 또 다른 미움을 낳습니다. 이렇게 무한하게 연쇄됩니다. 이 고리는 미움이 없어지지 않는 한 끊기지 않습니다. 사랑에 의하여 미움은 끊깁니다. 왜 그럴까요? 사랑이 우리의 신체를 기쁨으로 물들이기 때문입니다. 이때 미움을 제어할 힘이 생깁니다. 그러면 비로소 미움의 연쇄가 끊길 수 있는 겁니다. 진선 님이 편지를 쓰고 찢어 버리는 것은 용서와 사랑을 실천하는 방법이기에 매우 훌륭합니다.

대화를 매듭지어야 할 시간이 왔을 때 진선 님은 자신의 과거에 대해 다음과 같이 말했습니다. "전 살아가면서 저 자신을 사랑한 적이 한 번도 없었어요. 저 스스로 멋지다, 잘하고 있다고 생각한 적이 없고 늘 부족한 사람이라고 생각했고요. 또한 주변 사람에게 영향도 많이 받고, 상처도 많이 받는 편이라 남들의 시선에 초점을 두고 저 자신에 대해 생각할 기회가 없었던 것 같아요. 그러다 보니 계속 남의 눈치를 보고 내향적인 성격이 더 내향적으로 변하는 저 자신을 느꼈어요. 하지만 남들이 저를 정의하게 두기보다는 스스로가 저를 정의하도록 노력하면서 상황을 이해하게 됐어요. 제 감정을 표현하도록 노력하다 보니 '부정 회로'가 아닌 '긍정 회로'가 돌아 자존감을 끌어올리고 용서까지 실천할 수 있었던 것 같아요."

3-10

후줄근한 옷을 입어도 괜찮아

광석 님은 주변 사람에게 좋은 평가를 얻기 위해 삼수 끝에 좋은 대학에 입학했습니다. 군 생활을 하며 독서에 빠진 광석 님은 복학 후 인문, 철학, 과학 수업을 듣게 되었습니다. 어느 순간부터 광석 님은 주변의 시선을 개의치 않고 후줄근한 옷을 입고 공부에 집중하는 자신을 발견했습니다.

광석 님은 어려서부터 주변 사람들이 하는 말을 잘 따랐습니다. 그래서 착한 아이라는 말을 들었습니다. 공부를 잘한다는 이야기에 기분이 좋기도 했습니다. 공부를 잘하니, '좋은 대학에 가야 한다'는 말도 자주 들었습니다. 그래서 광석 님은 좋은 대학에 가는 것이 자신에게 가장 중요하다고 생각했습니다.

광석 님은 재수를 했습니다. 그런데도 좋은 성적을 받지 못했습니다. 삼수 끝에 겨우 대학에 입학했습니다. 한 학기를 다녔는데 나이 때문에 더는 미루지 못하고 군대에

갔습니다. 그곳에서 자신의 꿈을 찾기 위해서 다양한 책을 읽었습니다. 처음에는 자기계발서를 읽다가 나중에는 인문학, 철학, 과학 분야의 책까지 다양하게 섭렵했습니다. 자신의 꿈을 찾으려 했기 때문입니다. 그 과정에서 광석 님은 철학에 흥미를 갖게 됐습니다.

제대 후에 바로 복학을 했습니다. 흥미 있는 분야를 공부해 보고 싶다는 생각에 인문, 철학, 과학 수업 위주로 수강 신청을 했습니다. 수업이 재미있어서 계속 반복해서 공부했고 시험 기간에도 너무 기쁘고 행복했습니다. 그렇게 재미있는 공부를 하자 후줄근한 옷을 입고 도서관에 가도 상관이 없었습니다. 어느 순간부터 광석 님은 주변 시선을 신경 쓰지 않고 있음을 깨닫게 되었습니다. 이렇게 계속 생활해도 괜찮을지 광석 님은 궁금합니다.

우선 광석 님은 복학한 뒤 철학 공부를 하면서 기쁨을 경험했습니다. 기쁨에는 두 가지 종류가 있습니다. 가령 맛있는 음식을 먹고, 좋은 음악을 듣고, 친한 친구와 이야기를 나눌 때의 기쁨입니다. 이는 외부 원인에 의해 생기는 기쁨입니다. 이에 반해 광석 님이 꿈을 찾는 과정에서 철학 공부를 하면서 느낀 기쁨은 내부 원인에 의한 겁니다.

외부 원인과 내부 원인 중 어떤 것이 더 지속력이 있을까요? 바로 내부 원인입니다. 이를테면 타인의 말에 의해서 대학 학과를 선택한 사람과 자기 꿈에 따라 선택한 학생이 있다면 당연히 후자가 지속적으로 기쁘게 공부할 가능성이 큽니다. 외부 원인은 우리에게 왔다가 얼마 뒤에 사라집니다. 그러나 내부 원인으로 행위할 경우에는 훨씬 더 지속력이 큽니다.

광석 님이 어려서부터 '좋은 대학에 가는 게 중요하다'는 말을 듣고 재수에 이어 삼수까지 한 것은 외부 원인에 의해 행위가 이뤄진 겁니다. 기준이 주변 사람의 의견이기 때문입니다. 그러나 광석 님은 군대에서 책을 읽으면서 자기 꿈을 찾으려 했고, 복학하고 난 뒤에는 철학 공부를 합니다. 이는 내부 원인에 의한 행동입니다. 그렇기에 철학 공부는 광석 님에게 지속적인 기쁨과 행복을 줍니다.

광석 님은 말합니다. "군대에서 꿈 찾기를 위한 독서를 하면서 기쁘기도 했고, 힘겹기도 했어요. 그 시간을 통해 성장의 발판을 마련한 것 같습니다. 행복하고 고통스러운 시간을 보냈지만 정신적으로 많이 성장했다고 느낍니다." 광석 님이 느끼는 성취감과 기쁨은 내부 원인에 의해 행위를 하는 과정에서 나온 것으로 볼 수 있습니다.

광석 님이 내부 원인에 의해 책을 읽는 과정에서 기쁨을 느낄 때 당연히 신체적인 능력이 증가합니다. 그러면 생각하는 능력도 확장됩니다. 이렇게 되면 여러 가지 것들의 공통성을 볼 수 있는 능력이 생깁니다. 이때 이성적인 앎의 능력이 증대될 수 있습니다. 그렇기에 광석 님은 자신에게 기쁨을 주는 책 읽기를 지속하면 될 것 같습니다. 물론 맛있는 음식도 먹고, 친구와 이야기도 즐겁게 나누면서 '철학 공부'를 꾸준히 하길 바랍니다.

『에티카』 2부 정리 14와 4부 정리 52를 함께 볼까요?

> "인간 정신은 매우 많은 것들을 지각할 수 있는 능력을 지니고 있으며, 이 능력은 신체가 더 많은 방식으로 배치되면 될수록 더 커진다."

> "자족감은 이성에서 생겨날 수 있으며, 이성에서 생겨나는 만족감만이 존재할 수 있는 최고의 만족감이다."

위는 어떤 말일까요? 신체가 다양하게 변화하면 우리의 정신이 그것을 다 안다는 뜻입니다. 이때 우리의 정신적인 능력도 증대합니다. 즉 이성적인 앎의 능력이 커진다는 겁니다. 그리고 이는 우리에게 최고의 만족감을 줍니다. 그러니 광석 님이 이 말을 참고해서 자신을 기쁘게 하는 행위를 꾸준히 실천하기를 바랍니다. 내부 원인에 의한 기쁨과 외부 원인에 의한 기쁨 둘 다 이용하되, 내부 원인에 의한 기쁨의 지속력이 더 크다는 사실을 염두에 두면서 말입니다.

우리의 감정을 다스리다

힘들거나 난처한 상황을 맞이하면 우리는 상대방을 탓하거나 좋은 게 좋은 거라며 너그러운 척 넘어가려 합니다. 여러분은 어떤가요? 탓하면 상대방에 대한 미움이 자리하게 되고 너그러운 척 불편함을 말하지 못하면 자괴감이 들기도 합니다. 이 둘은 모두 신체 활동 능력을 감소시키는 슬픔의 감정이라는 것을 우리는 알 수 있습니다. 그렇다면 어떻게 해야 이성적 인식을 통해 올바른 판단을 할 수 있을까요? 또한 어떻게 미움이나 자괴감에서 자유로울 수 있을까요?

　　사람은 누구나 자신의 존재를 지속하려 노력합니다. 이것은 배워서 아는 것이 아니라 우리 모두의 본성입니다. 스피노자는 이러한 본성 즉 자신의 존재를 지속하려는 노력을 '코나투스'라 했습니다. 하여, 상대방을 탓하든 너그러운 척 넘어가려 하든 이는 모두 내 존재를 지속시키고자 하는 노력이라 볼 수 있습니다. 그런데 미움과 자괴감은 우리에게 슬픔입니다. 우리에게 가장 좋은 것은 기쁨의 감정이고, 이를 통해 코나투스가 강화됩니다. 우리는 앞 챕터에서 신체 활동 능력이 증대되면 기쁨, 감소되면 슬픔이란 것을 배웠습니다.

여름보다 겨울을 좋아하는 한 청년의 사례를 통해 기쁨을 느낄 때 신체 능력이 증대하고, 이에 따라 인식 능력도 커지며, 이럴 때 여러 일들 사이에 공통성을 발견할 수 있어서 결국 자신이 해야 할 것들에 대한 조절 능력이 증가함을 배웠습니다. 이는 능동적 삶에 가깝습니다. 반면, 슬픔을 느낄 때 신체의 변용 능력과 정신의 인식 능력이 떨어져 수동적 삶을 살게 됩니다. 이것이 슬픔보다 기쁨의 감정을 더 많이 확보해야 하는 이유입니다.

나의 기쁨을 위해 남을 탓하거나, 남의 기쁨만을 위해 나를 희생한다면 이것은 올바르고 적합한 행위가 아닙니다. 오히려 부적합하고 슬픔을 느끼게 하는 행위입니다. 핫핑크색 가방을 좋아했던 한 청년의 사례를 통해 우리는 다른 사람의 관심을 받아서 기쁨을 얻으려 하면 좌절감과 슬픔을 느끼기 십상임을 알았습니다. 이 청년은 다행히도 그 원인이 외부에 있음을 알았고 외부 원인을 변화시키려 노력했습니다. 이렇듯 우리는 슬픔에 대한 원인을 분석할 줄 알아야 합니다. 그리고 후줄근한 옷을 입어도 남의 시선을 신경쓰지 않고 공부를 즐기게 되었다는 한 청년의 사례에서처럼 내부 원인에 의해 행위하는 기쁨을 찾고, 그것을 지속시키도록 노력해야 한다는 사실도 배웠습니다.

스피노자는 나에게도 존재하고 타인에게도 존재하는 것에 대해 말합니다. 즉 두 신체에 공통으로 존재하는 것에 대해 '공통 개념'이라 했습니다. 우리는 친한 친구와 한 회사에 다니면서 어려움을 겪게 된 한 청년의 이야기를 통해 공통성을 찾고자 노력한 사례를 볼 수 있었습니다. 자신의 불만이 무엇인지, 어떻게 일하는 것이 효율적인지 등의 고민을 통해 친구와 자신을 인정하기 시작하면서 서로가 갖고 있는 특성을 하나씩 알아 가는 것. 그것이 공통성을 찾아가는 방법임을 배웠습니다. 슬픔을 느끼는 상황에서도 공통성을 발견하면 기쁨의 감정으로 이동할 수 있습니다. 이것이 '공통 개념'의 탁월함입니다. 두 친구는 친한 사이였지만 함께 일을 하면서 분리의 슬픔을 경험합니다. 하지만 공통성을 형성하면서 결합하는 경험을 통해 예전보다 더 관계가 좋아지는 기쁨을 경험합니다. 따라서 중요한 것은 결합의 경험을 확보하는 겁니다. 다시 말해 공통성을 발견하고 공통 개념을 형성하는 것이 중요합니다. 공통성을 형성할 수 있다면 언제든 우리는 공통 개념을 만들 수 있습니다.

이야기를 나누다 보면 청년들은 인간관계에 대해 많은 어려움을 호소합니다. 조직에서도 일보다는 사람과의 관계가 힘들어 사표를 내는 경우를 주위에서 많이 볼 수 있습니다. 너와 내가 하나가 된 것 같은 합치의 경험을 하는 게 생각처럼 쉽지 않습니다. 따라서 우리는 가족과 학교, 그 밖에 공동체 생활 속에서 부대끼면서 형성되는 공통성과 이성적인 앎을 통해 자유에 이르러야 합니다.

이성적 인식과 적합한 관념이란 무엇보다 필연성에 대한 인식입니다. 갓난아이가 말을 못 하고 걷지도 못한다고 우리는 슬퍼하지 않습니다. 왜냐하면 그러한 것이 필연적임을 인식하고 있기 때문입니다. 즉 혼란스럽고 부적합한 관념을 필연적인 관념으로 인식하면 슬픔의 감정은 줄어듭니다. 그리고 조금씩 적합한 관념을 형성하면서 슬픔이 있던 자리를 기쁨의 감정이 대신 차지하게 되는 겁니다. 따라서 우리가 상처받고, 그로 인해 미움을 품을 때 이성적 인식과 적합한 관념을 가지면 그 감정에서 점차 해방될 수 있습니다.

숱하게 많은 사람들이 각자 숱하게 많은 현실을 마주하며 살아갑니다. 그렇기에 우리가 매일 만나고 부딪히는 삶의 현장 속에서 공통 개념을 형성하여 기쁨과 자유를 확보해야 합니다. 공통성과 이성적 인식. 이 두 방법이 우리가 나아갈 길의 지도와 나침반입니다. 여러분 함께 떠날 준비 되셨지요?

지은이 **김선일**

인문학당 〈소소재〉 연구원이다. 소소재 친구들과 함께 스피노자, 니체, 주역 등을 공부한다. 지금보다 더 젊은 시기에 인문학 공동체 〈수유+너머〉에서 활동했다. 〈수유+너머〉 서점 주인이기도 했는데, 그곳 선생님들이 내는 책을 보면서 감탄하고 기뻐하다 보니 십 년이 후딱 가 버렸다. 공동체에서 여러 사람과 함께 공부하는 걸 가장 큰 행복이라 여기며 지냈다.

현재는 제주도 삼양 해변을 곁에 두고 산다. 학생들을 가르치고, 글을 쓰고, 바닷길을 걷는다. 최근에는 네이버 카페 〈철학 탐승선〉을 만들어 이십 대 청년들과 소통한다. 앞으로 청년들과도 꾸준히 철학 공부를 하고 싶다. 철학자들의 이야기가 청년들이 현실을 헤쳐 나가는데 어떤 용기를 줄지 관심을 갖고 계속 '철학-스토리'를 쓰려고 한다. 이십 대와 삼십 대 시절 명상에 관심이 많았는데, 그때 만난 사람들의 이야기를 쓴 책으로 『이십 대의 첫 마음 명상』이 있다. 2021년에는 〈생활문화시설 인문 프로그램 지원 사업〉 인문 협업자로 활동했다. 이때 소소재 친구들과 『천재 물리학자들의 쿵푸와 공』을 썼다.

지은이 **김승환**

주변 사람들의 축하를 받은 지 반년 만에 대기업 전자 회사를 그만둔다. 육 년 동안 여섯 개의 직업을 거치며 강사라는 천직을 만났다. 홀로 자유롭게 전국을 여행 다니듯 강의를 하며 십칠 년 동안 삼십만 명의 다양한 사람을 만났다. 이보다 더 행복할 순 없었다. 그런데 언제부터인가 이유 없는 불안함과 알 수 없는 공허함이 찾아왔다. 쉬고 싶었지만 쉴 수 없었다. 코로나 팬데믹이 선물한 강제 휴식 기간이 삶의 변곡점이 됐다. 먼지 쌓인 철학책이 눈에 들어오면서 인문학당 소소재와 인연을 맺게 된다. 소소재에서 공부하면서 공허함의 원인을 찾아 가고 있으며, 최근에는 〈철학 탐승선〉에서 이십 대 청년들과 소통하며 함께 공부하고, 글 쓰는 재미로 하루하루를 살아간다.

청년들의 고민을 함께 나누며 쓴 책으로 『머뭇거리는 젊음에게』, 『왜 나만 착하게 살아야 해』가 있다. 또한 글쓰기의 재미를 알리고자 『책 쓰기를 머뭇거리는 당신에게』(공저)도 있다. 현재 서울과학기술대학교에서 강의하며 학생들과 공부하고 있다.

감수 **진태원**

성공회대학교 민주자료관 연구교수, 『황해문화』 편집주간. 연세대학교 및 동 대학원 철학과를 졸업하고, 서울대학교 대학원 철학과에서 스피노자에 대한 연구로 박사 학위를 받았다. 스피노자 철학을 비롯한 서양 근대 철학을 연구하고 있고, 현대 프랑스 철학과 정치철학, 한국 민주주의론에 대해서도 깊은 관심을 갖고 공부하고 있다. 저서로 『을의 민주주의』, 『알튀세르 효과』(편저), 『스피노자의 귀환』(공편), 『포퓰리즘과 민주주의』(편저), 『애도의 애도를 위하여』 등이 있으며, 『법의 힘』, 『마르크스의 유령들』, 『우리, 유럽의 시민들?』, 『정치체에 대한 권리』, 『폭력과 시민다움』, 『헤겔 또는 스피노자』, 『불화: 정치와 철학』, 『쟁론』, 『알튀세르의 정치철학 강의』, 『공산주의라는 이념』(공역) 등을 옮겼다.